33歳で
年収300万円台でも

米国株投資で爆速1億円

まーしー　米国株投資家
(@maasi_kabuo)

ポプラ社

¥101,766,129

上記は、2021年2月にTwitterに載せた、この時点における私の総金融資産の金額です。

そう、このとおり私は33歳で、金融資産1億円を突破しました。

この「1億円」という金額は、倹約と株式投資によって成し得たもので、特に米国株の恩恵は殊更大きいです。本格的に資産運用をはじめてから、わずか7年間で「1億円」に達したことも、自分では驚いています。

私自身、元々資産を持っていたわけではなく、副業に精を出しているわけでもなく、年収だって平均的な、とある地方に住む平凡なサラリーマンです。

では、なぜ「億り人」と言われる資産を築くことができたのか。

本書では、その道のりを凝縮し、余すところなく記しました。

金融資産の推移（すべて到達時）

2015年4月（27歳）	800万円
2015年12月（27歳）	1000万円
2018年7月（30歳）	2000万円
2020年1月（31歳）	3000万円
2020年5月（32歳）	4000万円
2020年7月（32歳）	5000万円
2020年8月（32歳）	6000万円
2020年9月（32歳）	7000万円
2020年10月（32歳）	8000万円
2021年1月（32歳）	9000万円
2021年2月（33歳）	1億円

さて、上記がおおまかな金融資産の推移です。

詳しくは、これから存分に語りたいと思いますが、本書のタイトルにある「爆速1億円」という言葉が眉唾でないことがわかっていただけると思います。

このわずか7年間の、投資における「天国と地獄」が本書には書かれています。

- 資産形成スピードを爆速化して1億円をつくる方法
- 資産運用の必要性
- 米国株投資の魅力
- 比較的ローリスクで「1億円」を目指す最適解

など、本書が読者の皆さんの「お金と人生」にとって、なにかお役に立てれば嬉しいです。

まーしー

目次

第2章

「爆速1億円」のための準備
高倹約力と高資産運用力とメンタルコントロールの話

第3章

金融資産3000万円超えの爆速米国株投資術
私には「米国個別株集中投資」しか選択肢がなかった

87

第4章

金融資産5000万円～1億円までの爆益メソッド

第5章

全投資家の資産を増やす米国株「勝利の法則」

最強インデックスの指数を超えるために

【編集部注】
・本書の内容は、特別な表記がない限り、2021年10月の執筆時点の情報に基づいています。
・本書は著者個人の経験、見解、分析であり、著者によって提供されたいかなる情報も、読者に利益を約束するものではありません。あらゆる意思決定はご自身の責任において行われますようお願い致します。本書で示した、著者の見解や取り上げた金融商品によって読者に損害が生じても、著者および発行元はいかなる責任も負いません。

カバーイラスト 師岡とおる／カバーデザイン 山之口正和（OKIKATA）
本文デザイン 山之口正和＋沢田幸平（OKIKATA）
校正 東京出版サービスセンター／DTP 三協美術

プロローグ

経済的な自由を掴むために、とにかくお金が欲しい！　総金融資産1億円への小さくても重要な第一歩

私はリーマンショックの只中に大学を卒業し、就職活動で挫折を経験しました。

地方で生まれ育ち、愛着もあったことから、可能ならば生涯地元での生活を希望していました。けれど、当時通っていた大学の就職課の担当から「こんなご時世だから県内での就職は諦めなさい」と言われたのを鮮明に覚えています。そういったこともあり、私が持っていた新卒切符は東京に本社があり、地方に支店を持つ企業へ使いました。

ところが卒業を間近に控えた2月のある日、私は大きな決断をします。

その日は内定先から居住地（寮）の詳細が届き、いよいよ一人暮らしをすることを実感した時のことです。急に自分の将来が不安で仕方なくなったのです。なぜかとい

うと、内定先がいわゆる「ブラック企業」と噂される会社だったからです。加えて、大学で専攻した内容とはかけ離れた職種で、知識を一から習得しなければならない状態でした。

もちろん、内定を得た時点でブラック企業かもしれないことは知っていたし、その仕事に就くために一から勉強しなければならないことも、地元を離れ東京で勤務することも覚悟していたつもりです。でもそれは就職活動中に言われた「県内での就職は諦めなさい」の一言に焦っていたからで、私は残念なことに半ば自暴自棄に将来を決めてしまっていたのです。

自分の浅はかさを悔やみました。

けれど、このまま行動を起こさなければ今以上に後悔することになると考え、土壇場で内定を辞退し、もう1年就職活動を行うことを決断したのです。

この決断は優柔不断な私らしくない思い切ったもので、今になって振り返るとよく踏み止まったと褒めてあげたいです！

特に能力も実績もない私が、ただでさえ就職難の時代で希望の職に就けるはずもなく、成功への唯一の希望である「新卒切符」を手にするためだけに進学することにしました。大学4年間を、不自由なく過ごさせて貰った私ですが、この時ばかりは迷惑をかけられないと思い、就職後に学費を返す約束で1年間の猶予を貰い、再度就職活動戦争へと舞い戻るのです。

大学に通わせて貰ったことも、就職のための進学を選択できたことも、我が家に一定の蓄えがあったからこそ。両親には本当に感謝しかありません！

そんなわけで、その後は勉強とアルバイトと就職活動に明け暮れた日々を過ごし、1年後にすべての希望が叶う就職先に内定を得たのです（後にＦＩＲＥを志すようにはなるのですが、私には身に余るような就職先で自慢の成功体験です！）。

ちなみにこの期間に時事問題を学ぶために新聞を読む習慣が身に付きました。活字なんて小説でしか目にすることのなかった私が、今では新聞を読まなければソワソワするほどです。

ようやく自分の将来に希望の光が見えつつあった私ですが、新たな苦悩を抱えることになります。1年目から経理部へ配属された私は生涯収入を新卒にして概算できる立場にありました。そこで知ってしまったのはお金に困ることはないけれど、決して裕福な人生を歩むことはできないだろう生涯収入額でした。安定を好む社風ゆえに、年功序列制度を重んじていて実力があるからといって昇進・昇給するというような給与体系ではなかったのです。

バリバリ働いて収入を増やすことを夢見てその会社を選んだわけではないけれど、それでも実力を通してお金を稼ぎたいという熱い想いや、しがらみのない働き方を選びたいと、勤めてみてはじめて気づきました。

バブル崩壊後の日本に生まれ育ち、20代の多感な時期にリーマンショックという経済危機で人生設計に一度失敗し、新卒時に借金（両親に立て替えて貰った学費は初任給の時より、毎月優先して返済しました！）もあった私は、お金に対してとても敏感でものすごく貪欲になっていたのです。

とにかくお金が欲しい！

そう考えた私は、早々に天引き貯金をはじめます。最初は5千円からはじめ、1万円、3万円と段階的に天引き額を引き上げていき、最終的には手取額の半分を超える10万円にまで設定したのです。幸いにも運用団体は民間銀行よりも優利な金利だったので、天引きによる強制力に加えて高い利回りにより、貯金額はどんどん増えていきました。

この時の経験があるからこそ、今でも倹約が得意で後にお話しする、より積極的な運用をはじめるまでに、なんと800万円ほどの貯金を達成していたのです！

さて、民間銀行よりも優利な金利だったと申し上げました。当然、該当金融商品の広告などのパンフレットにも謳っているセールスポイントなのですが、お金が欲しくて欲しくてたまらなかった私は、数多ある金融商品の運用利回りの比較をするようになっていたのです。少しでも、利回りがいいものはないかと毎日ネットサーフィンする日々を過ごしていたところ、大きな転機が訪れます。

それは付き合いの長い、ある友人との会話がきっかけでした。私は彼の紹介で、資産運用の世界に「小さくて大きな一歩」を踏み出すことになります（このお話はまたあとで！）。

なぜ私がその一歩を踏み出せたのか？　それは、友人が私の目指す道をすでに歩んでいたからです。彼は24歳にして、お金に縛られない生き方を形成しつつありました。仕事は不定期で出勤し、株式投資で大金を稼ぎつつ、新しい投資対象を貪欲に探していました。

当時まだあまり認知されていなかった暗号資産にも投資していたほどですから、その先見の明には驚かされます！

聞いてみると、後々は雇われ人を卒業し、経済的に自由になりたいということでした。

フルタイムで働かず、株式などの売買で数千万円を稼ぎ、汗水垂らして働かなくても生計を立てられるなんて、なんて羨ましくて素晴らしいんだろう！

目から鱗——そうか、私が抱いている漠然としたお金に対する不安は解決できるんだ！——とはこのことかと思いました。

その頃の私はお金を稼ぎたいとあらゆる金融商品に目を通していましたが、昨今の低金利により無リスク資産である預金金利は雀の涙。そういえば、バブル期には預金金利だけで、なんと7％もあったそうです。羨ましい！

リスク資産に挑戦するにもイロハがわからないし、なにより元本割れが怖い。そうやって悩んでいるだけで時間が過ぎ、行動できない日々を送っていました。

そんな折に前述のように、すでに資産運用で成功していた彼からの次の言葉に背中を大きく押されました。

「とりあえずやってみよう！　なんなら今すぐ口座開設しよう！」

そう、このあとの出来事が私の光輝く未来の第一歩になるのです！

第1章

なぜ年収300万円台の平凡サラリーマンが「FIRE」を目指すことにしたのか

なぜＦＩＲＥを目指すことにしたのか？

リーマンショックや就職活動で躓いた私は、お金を稼ぐ手段が「雇われる」しかないことへの危機感を覚えました。

雇われるということは確かに居心地がいいものです。だって仕事を「与えられ」「実行する」ことが主で、基本的に待ちの姿勢で成り立つことが多いからです。

また働いて給与を貰うというのは、実は最も簡単な収入を得る手段でもあると私は考えています。例えば欧米の成果主義とは異なり、日本では未だ終身雇用制度が根強いです。熱心に働く人もそうでない人も、一様に安定した収入が得られる代わりに、能力が収入に反映されにくいといったデメリットがあります。

それならば自分の力を試してみたい！

上司の意見に時には抗いたい！

FIRE（Financial Independence, Retire Early）をなぜ目指すのかといえば、こういった考えが強くあるからです。

そして、なにより**生殺与奪の権を自分で持っていたい！**

私はなにかに支配されることを極端に嫌うのだと気がつきました。

給与（以下、労働収入）を頂くということは、自分を殺して（我慢して）、所属先の兵隊になるということだと私は思っています（あくまでもイメージですよ）。企業・団体に所属する限りは、そのなかで独自のルールや社風があり、それがたとえ理不尽な内容であっても従ったり、声をあげたりできないシーンもあります。

例えば私の場合、33歳という年齢もあり、結婚の話題をよく出されます。「いつ結婚するの」なんて、まるで結婚しないことで烙印を押されるかのような会話をすることもあります。結婚観なんて人それぞれなのだから、放っておいて！

と心のなかでは声高に叫ぶのですが、実際は笑って誤魔化すのが日常です。上司・同僚と揉めても、メリットなんて一つもありませんからね。

このように労働収入は身体的・精神的資本を提供する見返りに頂戴するものだと私は定義付けしています。

私にとって「労働収入」とその「理不尽」を天秤にかけた時、もはや釣り合わないと思ってしまったのです。

株式投資で利益を得る前の私はＦＩＲＥなんて、とても高いハードルだと思っていました。たとえ理不尽なことがあったとしても、労働収入がなければ生活できないのであれば受け入れるしかありませんからね。けれど、**現在の私は不労所得として年間４００万円ほどの収入を見込めるようになりました（21ページ参照）。**

労働収入以外の不労所得を得られるようになった今、誰に支配されるでもなく、自分の力で生計を立てられる目算が立つようになったのです！

ＦＩＲＥを目指すなら推定運用利回りから逆算する

アメリカのトリニティ大学でなされた研究を基に発表された論文によると「年間支出の25倍の資産があれば年利４％の運用益を所得として生活していける」という目安がありま

す（※）。日本総合研究所によると1980年以降の世界経済の実質成長率は年平均3・5%だそうです。これに基づけば、世界中に幅広く分散した株式運用を行えば、おおよそ年平均4%の利回りを得られることになるので、**年間支出の25倍の資産で世界中の株式に分散したインデックス投資を行えば理論上FIREは可能ということになります。**

例えば私の場合、現在の労働収入約400万円を年間支出として計算します。

4,000,000×25＝100,000,000

よって、年間支出額400万円の暮らしを続けるのなら1億円の資産が必要ということになります。

しかし、私の実際の年間支出はもっと低いです！

私が生きていく上で必要最低限かかる支出はとても少ないのです。例えば月間支出でいうと、ライフラインに必要な数万円を除き、経済新聞や動画サービスなどのサブスクリプション契約が5000円、大好きなお酒に1万円……以上！（笑）

物欲がないわけではないのですよ？　ただ、投資元本を捻出するための倹約根性が染みついてしまっているのです！　とはいえ、残念ながらコロナ禍により執筆現在はほぼ0円となっている交際費は本来なら上限を一切設けませんし、高級時計などいざ欲しいものができた際には出費を惜しまずに必ず手に入れるようにしています。例えば、お酒のなかでも特に好きな日本酒の1升瓶を立てて管理できる専用冷蔵庫を購入しましたし、好きで身に着ける衣服・小物類は有名ブランド商品を選びます（自分自身がブランド志向なので、株式投資においてもブランド力を重視しています！）。

これらのように、趣味のために贅沢をすることもたまにはあるのです！

でも、基本的には一切無駄遣いをしません。食費や住居費、インフラ契約を含めても月15万円未満で生活できます（ちなみに携帯料金は最も安いＳＩＭを契約中で、現在の月額は０円！）。

よって、実際には２００万円程度でも生活していけるので４００万円もの支出は必要ないのですが、将来的には新たに家族を持つかもしれませんし、これまで出来ていなかった贅沢もしたいです！

※ 前出の論文は株式などで運用しながらも預金引き出しを行いながら何年間生活することが可能かといった研究なので、運用益で生活費を賄うというのは本来の主旨とは少し異なります。

私の場合、月20万円程度の支出でも不自由なく、楽しく日々を過ごすことができます。

となれば年２４０万円もあれば、最低限生活する上で困ることはありません。

極論ですが、私は現在の保有資産を「一切運用しない」という貯金を取り崩すだけの条件でも30年以上は生活できますし、仮にこの資金を基に資産運用を行えば、運用益のみで生活費を賄うこともでき、さらには資産を増やせる可能性すらあります。

先の項目で触れた、実現可能性の高い４％の利回りを目標とした全世界株式への分散投資を行えば、６０００万円の投資元本で現在の生活水準を維持できる年２４０万円を確保できる可能性があります。確かに大金であることは間違いありませんが、６０００万円なら努力次第で手が届きそうな気がしませんか⁉

念のため断っておくと、毎年安定してお金が増えるわけではありません。年によっては大きくマイナスになることもあります。あくまでも、全世界株式への分散投資なら超長期間に平均して４％程度の利回りが見込めるのだということに注意してくださいね。

私の場合、25歳で３００万円を原資として資産運用の道を歩みはじめました。それから6年余りが経過した32歳の8月、私の資産は６０００万円に到達しました。後に詳しくお話ししますが、実はこの年の1月はじめの時点で私の資産は３０００万円に満たない額でした。**それが7ヶ月後には倍以上の6000万円に届くというスピード感のある相場を経**

験しました。

これは私の運用方法が大きな利益を得ることを目指したものであることや、仕掛けた勝負で大勝することできた結果だと思います。

兎にも角にもたった一度の大勝で、私はお金で不自由することのない未来を手に入れたのです！

年収300万円台でも「億り人」は そんなに難しいハードルじゃない

私は33歳で年収は未だに300万円台です。けれど、20代からコツコツと倹約し、少なくない金額のお金を投資し続け、時には大きな資産急落に耐えながらも今日まで資産運用を続けた結果、一時的にではありますが金融資産1億円を突破しました！(金融資産=現金、預金、株式・投資信託・国債などの証券、保険などの金融商品などの総計)

株式投資の世界に足を踏み入れるまで「億り人」なんて夢のまた夢。仮に生涯収入がそれくらいあったとしても、保有資産として手に入れるのなんて、不可能だって思っていました。なぜなら、私には特に秀でた能力があるわけではありませんでしたから。

では平凡であるはずの私が、なぜ億り人がそんなに難しくないと断言できるのか。それは次のポイントがあげられます。

インターネットの普及

昨今はインターネットの普及のおかげで、日本のみならず世界中の企業にクリック一つで投資できるようになりました。また、投資をする上で大切な情報にも瞬時にアクセスできます。例えば

「米国の企業Aが新商品Bを発売した」
「商品Bに搭載された新機能が消費者に好評のようだ」
「企業Aの商品Bは競合企業Cの商品よりも売れ行きがいい」

などの口コミがリアルタイムで掴めます。加えて、企業情報（ファンダメンタルズなど）にも気軽にアクセスが可能です（なんとPER［株価収益率］などの指標も自分で計算しなくたってインターネットで検索が可能なのです！）。インターネット普及以前は、

企業の決算情報も証券会社を通じてしか手に入りませんでした。しかも、店頭に足を運ばないといけなかったようです。

投資開始年齢の若年化

読者の皆さんのなかには、私の存在をTwitterで知ったという方もいらっしゃると思います。もしかしたら、私のツイートをきっかけに投資をはじめたなんて方もいるかもしれません。

インターネットが幅広く普及したおかげでSNSが発達し、投資家の知見に触れる機会が増えました。多くの投資家は口を揃えて「もっと若いうちから投資をはじめていれば」と嘆きます。それら先輩投資家の経験（後悔とも呼べる意見？）もしくは成功譚から学ぶことで、比較的若年齢からの資産運用をはじめるきっかけに繋がっているのも億り人のハードルを下げています。なぜなら、資産は転げ落ちる雪だるまのように時間と共に「利益」という名の雪を吸収し肥大化していくからです。

私自身も7年の投資歴のなか、過半数以上となる利益7000万円を直近2年以内で達成しています！

取引手数料の大幅低下

私がすすめる米国株式投資の敷居は年々低下しており、**今では数百円から投資が可能で、かつ極めて低い手数料で運用することができます。**私が米国株式投資をはじめた2017年当時は手数料率を引き下げるために5000ドル以上のまとまった資金を用意していました。当時は最低手数料が設定されていて約2000ドル未満の取引では手数料率が大幅に高く、約5000ドル以上、取引額が増すごとに手数料率が減少する仕組みでした。5000ドルといえばそれは大金です。収入の少ない20代の若者が捻出するのは大変なので、手数料負けしないようにと5000ドルまではノーロード（手数料無料）の投資信託で運用し、5000ドル程度の評価額になれば、投資信託を売却し、その資産で米国株式に投資するといった工夫をしていました。

さて、あれからたったの3年で、今や最低手数料0ドル～上限20ドル、かつ手数料率は約定代金の0・45％（大手証券会社実績）と一律化し、2017年と比較して少額売買を行っても手数料負けする可能性が大幅に少なくなりました。昨今の株取引ブームや本場米国の流れを見るに、将来は手数料無料！　なんて日が日本でもいつか訪れるかもしれません。

もはや、その気になれば誰だって株式投資をはじめることができます。
労働収入に頼らない生き方は目の前に広がっているのです！
あとはやるかやらないか。

私が投資をはじめるきっかけになった言葉をあなたに捧げます。

「とりあえずやってみよう！　なんなら今すぐ口座開設しよう！」

私に残された投資期間は40年ある

現在33歳の私は、**健康寿命（健康上の問題で日常生活が制限されることなく生活できる期間）で考慮して40年以上の投資期間が期待できます。**

景気には波があり、好景気と不景気を繰り返し循環します。その波の間隔には諸説ありますが、40年という期間は少なくとも2回転以上の好・不況の循環を経験することになります。

私がリスクを積極的にとれる理由の一つが、この残存資産運用期間の長さです。

仮に数年間の大きな資産減少期間があったとしても、投資対象を適切に選択し、根気強く運用を継続さえしていれば、回復するはずです（少なくとも、過去実績は絶対に回復しています）。

例えば私のたった7年という短い資産運用経験のなかでも、数度の資産減少期間がありました。はじめて経験したという意味で印象に残っているのが２０１５年の「チャイナショック」です。当時は投資信託を通して、世界全体に投資をしていました。なかでも中国を含めた新興国市場は投資開始直後から値上がりしたので、なぜ新興国に集中投資をしなかったのかと悔やんだほど、好調な滑り出しとなっていました。

しかし２０１５年6月、1ヶ月に満たない期間のうちに中国株式市場は時価総額の３分の1を失います。中国市場は当時運用していた新興国投資信託で保有割合が最大でしたし、中国株式市場を震源地として、先進国も日本も引っ張られるように急落しました。よってその間、私の資産は20％ほどの急落をすることになります。投資をはじめたばかりの私にとって20％の資産減少はとても辛いものでした。

「どうしてこのタイミングで投資したのか」

「結局、私みたいな素人が投資をした時点で高値掴みだったんだ」

そう自問自答を繰り返す、後悔の日々が続きました。毎日のように資産額をチェックしては一喜一憂していた私は、この出来事をきっかけに一時は証券口座のホームページを開かなくなりました。減少し続ける資産額を直視したくなかったのです（一種の現実逃避ですね）。

しかし、この現実逃避とも言える行動が奏功する日が訪れます。しかもそれはそう遠くない未来のことでした。ある日、ふと証券口座にログインした私は、資産額を見て自然と笑みがこぼれます。急落していたはずの資産は回復するどころか、なんと急落前の高値よりも増えているではありませんか！

なぜこんなことが起きたのかというと、**基準価額が下がり続ける投資信託を「自動買い付け」設定していたことで毎月のように買い増ししていたのです。**株式市場がチャイナショックの底から這い上がった時には、基準価額が下がっている時に買い増し続けたおかげで保有数量が増えていたため、大幅な資産上昇が叶ったのです！

もし、資産急落時に「経済には好景気と不景気の循環があるものの、世界全体では右肩上がりに成長する」という事実を知らなければ……。あるいは、知っていたとしても信じ切れていなければ……。その時点で保有資産を売却してしまっていたかもしれないし、売却せずとも買い増しできなかったかもしれません。

幸いにも投資をはじめて日が浅いタイミングで起きた経験が私にもたらしたものは、やはり「世界経済は右肩上がりに成長する」に違いない！　という自信でした。

しかしながら、「世界経済が右肩上がり」なら投資対象はどれでもいい！　というわけではありません。私の経験が示すように世界全体に幅広く分散するというような適切な投資対象を選択しなければなりません。

適切な選択として、数度の資産減少を乗り越えた現在の私がおすすめするのは、S&P500に代表されるような、超長期で右肩上がりに成長している指数への投資です。投資信託をはじめた当時の私は知らなかったのです。「世界経済を牽引しているのは巨大なたった一国の力」であることを。**それが米国であり、米国を代表する株価指数がS&P500なのです。**最初からこの事実に気づいていれば、世界全体にではなく、米国に集中投資していました。そうであったのなら、今頃もっと利益を稼いでいたはずなのに！

超長期で見た場合、Ｓ＆Ｐ５００のような優れた指数は成長を続けることで、不景気を幾度も乗り越えてきました。言い換えると、**40年という長期に及ぶ期間をＳ＆Ｐ５００に投資をして、損失を抱える確率は０％だということです。少なくとも米国株式市場がはじまって以来、これは不変の事実です。**

確かに今回は違う可能性もあります。ありますが、数百年間たったの一度も起こっていないことを想定するのは杞憂といったものです。

一方で適切ではない投資対象として、日本で有名な日経平均株価があります。日本の株式市場は私がこの世に生を受けた数年後にバブル経済が崩壊し、以降30余年、一度もかつての高値を更新していません。（配当を考慮しない場合）１９８９年の高値で投資をはじめ、そのあと買い増しを一切していない投資家は未だに損失を抱えているということです。

労働収入一本に頼るのはリスクがありすぎる

投資の格言に「卵は一つのカゴに盛るな」というのがあります。

複数の卵を一つのカゴに盛り、そのカゴを落としてしまった場合はすべての卵が割れてしまう可能性があります。一方、複数のカゴに卵を盛っておけば、もしある一つのカゴを落としてしまっても、他のカゴに盛られた卵は無事であるということに由来した格言です。資産運用に置き換えると複数の投資商品に分散して、万が一の事態を回避しましょう！　ということです。

私はこれをさらにあらゆる収入に置き換えます。一般的な収入といえば、多くの人は「労働収入」のみを指すと思います。加えるならば、それは勤務先一ヶ所からもたらされるものだと定義付けしているでしょう（日本は未だ副業に不寛容ですね）。

私はこう考えます。**労働収入一本に頼るのはリスクをとりすぎている、と。**世界は日本を中心に機能しているわけではありません。日本は世界の金融システムの一部でしかないのです。例えば、新型コロナ感染症拡大以前は海外旅行客を至るところで見かけていたと思います。

それは日本が、その他世界の主要国と比較して、相対的に物価が安く、財布に優しい旅行先になっているからです。バブル経済が崩壊して30余年、日本はデフレーションに悩まされ続けています。デフレーションとは私たちが普段買っているモノやサービスの価格が低下し、反対にお金の価値が上昇する状態を指します。日本以外の世界に目を向けると、多くの主要国は年間約2%のインフレーションが起きているので、相対的に日本でのモノ・サービスが割安になってきているのです。

また、日本での給与は円で支払われますが、世界で流通する全通貨のうち、円はたったの1割です。もし、日本の「信頼性」に疑問符がつくことがあれば、通貨「円」の価値が暴落する可能性だってあります。

よって、世界的に見てデフレーション国家の、しかも就業先1企業から円のみの収入に頼るのは、一つのカゴにいくつもの卵を盛っている状態です。

確かに資産を運用することはゼロリスクではありません。元本割れすることは当然ながらあり得ます。けれど労働収入一本に頼ることだって、十分にリスクを抱えているのです。

私はこれに対する解決策として複数の収入口と通貨の分散をしています。現在、総収入のうち労働収入は1割未満（株式投資での保有資産成長率が9割！）ですし、円の保有割合も1割程度です。これは前述のとおり、世界に流通する全通貨に対する円の割合が1割程度であることと、退職金を含めた生涯労働収入をすべて円で受け取ることを想定しています。

現在は、円で受け取る収入を円で支出する経済圏に住んでいますが、資産を運用するということは現在ではなく未来への対策です。よって将来的に円経済に縛られない生き方を選択できる余地を残すという意味でも、労働収入や円に依存したくはありません。

このように収入手段を株式投資による運用益に分散し、またドル建てで管理することで、単一経済圏に依存するリスクを下げるよう努めています。

これからは「投資」＝「生活防衛」

我が家が裕福だったのかはわかりません。ただ、何不自由なく大学まで通わせて貰う程度の収入・貯金があったことは事実です。**もし、「普通の生活」を私のこれまでの半生だと定義するならば、今後は「普通の生活」ができなくなるでしょう。**

例えば一家の大黒柱となる稼ぎ手がいて、稼ぎ手とは別に収入を一切持たない家族を支える専業の主夫・主婦がいて、子どもを二人以上育て大学まで卒業させて、家族が生活するための一軒家を持つ……一般的だと思われるこれら「普通」はもはや残念ながら「贅沢な生活」となります。

昨今はｉＤｅＣｏやつみたてＮＩＳＡに代表されるような「非課税」で投資ができる枠組みを国が推奨しています。これは政策の転換に他なりません。国の言い分はこうです。

「揺り籠から墓場までを目指してきたけれど、あれ無理そう」


日本は世界でも類を見ないスピードで高齢化が進んでいます。

内閣府が公表している「令和元年版高齢社会白書」によると、

〝65歳以上人口と15〜64歳人口の比率を見てみると、昭和25（1950）年には1人の65歳以上の者に対して12・1人の現役世代（15〜64歳の者）がいたのに対して、平成27（2015）年には65歳以上の者1人に対して現役世代2・3人になっている。今後、高齢化率は上昇し、現役世代の割合は低下し、令和47（2065）年には、65歳以上の者1人に対して1・3人の現役世代という比率になる〟

とのことです。

つまり、現在の社会保障制度を修正しない限り、現役世代の社会保障負担は50年後には2015年比で倍増することになります。今後50年間の昇給がいかほどかはわかりませんが、税引き後の収入額は高確率で減っていくでしょう。

私たちが生きる未来の日本はこれまでの日本とは別物です。労働収入に頼らず、上手な資産運用を実践できなければ、これまでの「普通の生活」ですら守れません。

これまでの「普通」が「贅沢」に置き換わってしまうのなら、私は贅沢な生活がしたいです。

これから先、新たな家族を持つにせよ、退職後の両親と暮らしていくにせよ、少なくとも私自身の半生と同じような生活水準を維持したいです。

旅行や外食には幾度も出かけました。漫画やゲームだって与えて貰いました。ペットを飼うことも許してくれたし、小遣いだってきっと他所のお家くらいには貰うことができたはずです。私は本当に何不自由なく生活することが可能だった、恵まれた半生を過ごすことができました。

そんな両親に恩返しするためにも、投資でしっかり資産を増やして、これまでの生活を守りたいです！

労働収入に頼らない生き方。2000万円が5倍ほどに

そもそも、労働収入に頼らない生き方が必須の時代がきています。

例えば、国税庁の「令和元年分民間給与実態統計調査」の給与階級分布によると、年収が「100万円以下」「100万円超200万円以下」「200万円超300万円以下」「300万円超400万円以下」の層の合計が全体の54・8%という過半数以上を占めており、400万円という年収額がおおよその中央値だと推測できます。

「中央値」というのは、データを大きい順に並べた時に中央にくる値を言います。「平均値」だと極端に高年収である一つの値によって大きく歪みますが、「中央値」はより実態に近い数値となります。よって、約400万円が日本で働く私たちの最も多い年収だと言えるでしょう。

私たちの日々の営みには、大きな贅沢をしなくとも月10万～15万円の支出が発生するので、手元に残るのはわずか数万円。その上、将来も大きな昇給がなければ、いつまでたっても金銭的に余裕のある生活を手に入れることはできません。

私自身がまさにこの「モデル」となるような実態です。

年収もおおよそ中央値に該当しますし、毎年昇給していても、徴収される税金などが値上がりしているため、自由に使えるお金が増えているという実感を持つことができません。また、最初に配属されたのが経理部ということもあり、生涯総収入を概算することができました。そこで知ったのは、現在の収入がこの先も大幅に好転することはないという事実です。

就職活動がうまくいかず、収入を得ることの難しさを身をもって知った私は、余裕のある金融資産を得るため、労働収入に頼らない生き方を目指す決意をしました。勤め先に忠誠を誓い、退職まで真面目に仕事をするだけでは金銭的な豊かさは手に入らない現実を知ってしまったからです。

「それならば年収が増えるような転職をすればいいのでは」

そう思った読者の方もいるかもしれませんが、実は転職を考えたことは一度もありません。なぜならば、今の勤め先が私にとってすごく理想的な環境だからです。

事業が営利目的ではないのでノルマがなく、また定時で帰路につくこともできます。いわゆるアフターファイブ（死語ではありませんよね！）を確保することができるので、自分の趣味にあてることもできますし、その時間を利用して収入を増やすための副業などを行うこともできます。

しかしながら副業を実際に行うのは、勤め先に対してあからさまに反旗を翻すようで表立って行動しづらいのが実情です。余裕のある生活を目指して資産を増やしたい、けれど副業に分類されるような大袈裟な活動は避けたいという私がたどり着いたのが株式投資でした。日中は仕事に励みつつ、アフターファイブで株式運用を試行錯誤する時間がたくさんあったからです。

実際に株式投資をはじめてわかったことは、資格や難しい知識、それを行うためのまとまった時間でさえ不要だということです（運用先によってはほったらかしでも十分！）。**必要なのは運用資金と資産変動への覚悟（＝リスク許容）だけです。**労働収入という柱があれば、もし株式投資で失敗しても生活への影響を最小限に抑えられるという利点もあります。

きっと同僚や上司は知りません。私が就職後すぐ貯金に励み、数年後からはそれを元手に虎視眈々と資産運用に取り組んでいたことも、そしてすでに少なくない資産を築いていることも。

株式投資は目立つことなく、私のような平凡な人間が資産を増やすには打ってつけの資産運用方法です。働きながらお金を稼ぐには、誰にもバレることなく、難しい知識も不要で、あまり手間もかからない株式投資以外は考えられません！

そうやって「コツコツ」と資産を運用し続けた甲斐もあり、現在は必要十分な資産を手にすることができましたが、労働収入だけに頼っていれば、倹約を続けていても未だに2000万円程度の貯金しか持てていない計算になります。

2000万円の貯金はそれでも十分にすごいことだとは思うのですが、将来に渡って金銭的に余裕であり続けられるのかといえば、まだまだこれからといった資産額です。しかし勤勉に働きつつ、倹約し、この2000万円程度を運用したことで実際には5倍ほどに資産を増やすことができたのです。

これはなにも私に特別な才能があったわけではなく、努力次第で誰でもできることだと思うのです！

ゼロリスクを求めていたら「爆益」は実現できない

私は「ゼロリスク」を求めません。

リスクとは「危険」を意味する言葉として広く捉えられていますが、金融業界においては異なる意味を持ちます。まず一つは損失を指します。この場合、「リスクを避ける」とは単に損失を回避するといった意味になります。二つめに、ボラティリティ（＝変動）を指します。この場合の「リスクを避ける」とは運用商品などの価格変動を抑えるという意味で用いられます。

さて、話を戻します。**私が資産運用を行う上で、最も大切にしている価値基準は「ゼロリスク」を求めないということです。**

そもそも資産を運用するということは、価格変動する金融商品（＝リスク資産）を持つことであり、価格変動するということは損失を抱える可能性があるということです。

例えば、株式市場において１９８７年に突如としてダウ30種平均が22・６％暴落しました。後に「ブラックマンデー」と名付けられる災難ですが、30余年たった今でも、暴落のきっかけとなった引き金が判明していないのです。このように資産を運用するとなれば一寸先は闇であり、確実なことなんて、なに一つとしてありません。なので私は、ある日突如として資産が急落にあうとしても、それは仕方がないことだと割り切ります。

暴落が起きるか起きないかを気にして資産運用を避けてしまっては、得られる可能性のある利益までもを逃してしまいます。

先の項目でも触れましたが、私は７ヶ月という短期で資産を倍にした経験があります。実はこの期間に、「金融資産の半分以上を失う」という辛酸をなめてもいたのです。ほんの数週間で積み上げた資産が半減するという体験の精神的苦痛は想像を絶します。でも、私にとっては想像の範囲内でもありました。なぜなら、リスクがボラティリティに置き換えられるのなら、急落した分、急騰する可能性があることも理屈として理解していました。理解していたからこそ、諦めずに投資を続けることができましたし、諦めなかったからこそ大きなリターンを手にすることもできました。安心安全であるはずの「ゼロリスク」はそれゆえに「リターン」もわずかしか得られません。

リスクとリターンは表裏一体。ならば、私は積極的にリスクをとってお金を稼ごう！と考えています。

反対に確実に起きる「避けるべきリスク」もあります。

人口減・高齢化が進む成長性のない国で労働収入一本に頼るなんてことは私にとって背負いたくないリスクです。

口座開設をしたあの日。300万円を元手に運用開始

資産運用をはじめる！　そう決めてからの行動は我ながら迅速でした。

まず行ったのが大手ネット証券の比較です。インターネットで口コミなどを検索しまし

たが、とりあえず人気があるものを選んでおけば失敗はないだろうと考えたので、国内最大手の一社を選択しました。

証券口座開設を検討中の方へのアドバイスとして、迷うくらいなら一社に絞らず複数の証券口座の同時開設をおすすめします！　それによる弊害はありませんし、悩んでいる時間がもったいないです！

私の場合は資料を取り寄せ、必要事項を記入した申し込み書類を送付する方法で口座開設申請を行いました。資料請求から受取りまで約1週間、さらに申し込み書類発送から開設までも1週間ほど時間を要したので、まだかまだかと待ち侘びたものです。

現在なら各証券会社の公式ホームページの入力フォームから申し込みをすると最短で翌営業日から取引できるので、今ならそちらの方法を選択しますね。

こうして無事に口座開設を果たした私は、投資信託での運用を開始します。

最初はとにかく世界全体へ投資したい！　と考えていたので、**日本・先進国・新興国の各種指数（＝インデックス）に連動するノーロード（＝販売手数料がかからない）投資信託へ均等分散する方法で運用を開始しました。**

前述のリスク分散の考えに倣い、投資対象の限定を避けて幅広く分散しておけば、もしもの時の損失を抑えられるだろうと考えていたこと、また単純に世界経済全体としては「必ず」成長していくだろうという自信がありました。これについては過去形ではなく、今も強く確信を持っています（この話は後々じっくり語ることにしましょう！）。

最初の投資は本当に緊張しました。経済が右肩上がりで成長を続けると確信していた私は、現在価格は常に最安値であるはずなのだから可能な限り「早期」に「全力」で運用するべきだと考え、**社会人５年目時点の金融資産800万円のうち、まずは300万円を元手として資産運用をはじめました。しかしその後、１年も経たないうちに運用額は500万円にまで膨れ上がり、あっという間に過半数を超えるリスク資産を持つに至ったのです。**新卒時の少ない手取額から年間200万円程度を懸命に貯金していた私にとってはじめての資産運用額として300万円は大金であり、とても重い決断でした（実は社会人３年目ではじめての投資を経験するのですが、それはまた別のお話で）。注文する時は手が震え、取引金額や口数を何度も何度も確認し直したほどです。

実際に投資をはじめると、その時点から元本は保証されません。翌日からは資産の変動に一喜一憂したものです。たとえ数百円の変動でも最初は本当に嬉しくもあり、怖くもありました。

ちなみに、資産変動に一喜一憂するのは投資家の性だと思います。1日の間に発生する資産変動なんて大した意味を持たないとわかっている今でも、毎日の株価チェックが趣味です！

後に個別株投資へと移行することになるのですが、この投資信託での運用を行っていた期間に資産の急落を経験できたことは幸運でした。

ともあれ、この日の口座開設という英断をきっかけに、私は株式投資の世界に足を踏み入れたわけです。**以降7年という期間で私のトータルリターンは7000万円を超えています。**「元本を除いた投資の利益」だけで7000万ですよ？　冴えない普通のサラリーマンが、労働収入だけでは達成困難なことを株式投資なら叶えられるのです！

株式投資をはじめるのに「遅い」なんてことはありません。例えば60歳を過ぎてから投資をはじめたとしても、**私のように10年未満で大きな成果が出る可能性だってあるのです。**そもそも、今日この瞬間が残りの人生で一番「早い」のですから！

投資は多くの方が習慣としている貯金のうち、数百円からでもスグにはじめることができます。最初は少額からでもいいのです。私がそうであったように、運用してみてはじめて「リスク（=資産変動）」に触れることができます。そこで得た経験が投資家としての成熟度を高めます。

証券口座さえ開設してしまえば、あとはトントン拍子に進みます。最初の投資はお気に入りの企業を応援するくらいの軽い気持ちでもいいです。

なぜなら投資に正解はないのですから！

社債への投資で年率15％の利益を実現

さて冒頭で登場した友人の一言に背中を押して貰った私が、最初に投資したのは実は社債です。現在の私が強くおすすめしている株式投資に手を出すのは、この出来事のおよそ1年後になります。

当時は株や債券の違いすらよくわかっていなかったのですが、資産変動がない点や友人からの紹介という「お墨付き」だけで投資に踏み切ります。この時の私はまだ株式=難しいものだという認識だったのです。

資産運用においてすでに実績のある友人を信頼していたとはいえ、暴挙と言っても差し支えない投資行動でした。なぜかというと、証券会社のような仲介を通さず、発行体への直接投資だったのです。証券会社を介する「株」が怖くて、友人が介する「債券」なら安心だという考えは、思い返せばゾッとします。

はじめての投資ということもあり、両親や別の友人にもこの判断が正しいかどうかのアドバイスを求めたのですが、ことごとく反対されました。例えば「(投資先企業を)調べてみたけれど、情報があまりなく、危ないと思う」「絶対に詐欺だ。投資するならお金は還ってこないと思った方がいい」など、厳しい言葉もあったほどです。逆の立場なら、きっと同じようにアドバイスをしたと思います。

こうやって周囲の最も近い人たちに反対されたにもかかわらず、**私は資産の半分を超える300万円をこの社債に投資し、1年後に投資前の条件どおり15%の利益である45万円を無事に得るのです**(この利益分は再投資……ではなく、趣味である高級時計購入の原資になりました！）。リスクテイカーといえば聞こえがいいですが、反対を受けてもこういう決断ができた私は投資家向きだと後々の自信に繋がっています。

思えば、昔から人の話をよく聞かない子どもでした。でも、今なら胸を張れます。

私は自分の耳で聴き、自分の頭で考えて決断したことのみ行動する。

他人の声に耳を傾け、他人の望む行動は絶対にとらない。

この「芯」とも言える価値観を持っているからこそ、投資で一定の成功を収めることができたのではないかと考えます。この時の経験からも後の投資行動でも、大きな利益が得られたのは、決まって「全体」とは反対の行動をとった場合だったからです。言い換えると、安心安全な資産運用は、それゆえに得られるリターンも少ないということです。

兎にも角にも、はじめての投資を経験し、年率15％という十分なリターンを得たことが、後の投資信託をはじめるためのきっかけになったことは事実です。

もし誰かに反対されたからといって、この時の投資に二の足を踏んでいれば、未だに口座開設すらしていなかった未来があったのかもしれません。

データを読み解いても投資がうまくなるわけではない

株式投資は数字との勝負だと思われがちですが、私の考えでは自分自身との勝負です。

例えば、書籍・ブログなどで資産運用について書かれている内容は
「○年間で○%の経済成長」

「○に投資して○%の利益を得た」

などが目につくと思います。

確かに個別株投資をする上では決算書などに目を通すことは欠かせませんが、そこから読み取れる情報は膨大な数字の海のみです。もちろん数字は大切です。データはあらゆる投資判断の根拠になります。しかし、いくらデータを読み解いても投資成績が向上するわけではないのです。

私が個別株投資に移行したのは2017年でした。なぜ個別株投資をはじめたのかとい

うと、動機は単純で、より高い利回りが得られると思ったからです。そのきっかけとなったのが、とある名著との出会いでした（以降の話の趣旨上、タイトルをあげるのは避けます）。

私はその書籍を何度も読み返し、見様見真似をすることで個別株での運用をはじめました。それまで保有していた投資信託を売却し、その資金を個別株の原資としました。

しかしなんとも残念なことに、その後2年間は米国を代表するインデックスであるＳ＆Ｐ500を大幅にアンダーパフォームすることになります。

なぜそんなことが起きてしまったのか。後にたどり着いた答えは、本当の意味でその書籍の伝えたかった本質を理解できていなかったのではないかということです。反省した私は、その後大いに戦略転換を図り、後述する現在の投資手法にたどり着き、2年間の敗北をすべて覆すほどの大勝を掴みます。

この時の反省点は、「過去に好成績が出た手法が、未来にも通じるとは限らない」「未来がわからないのなら、自分自身が信じられる方法じゃないと不況時に継続できない」ということ。よって、「相場が悪い時でも自信を持てる『オリジナル』の運用方法を見つけるべきだ」という結論に至ります。

確かにその書籍では過去の膨大なデータを参照し、その上で投資手法を読者に提示していました。けれど、そのデータはやはり「過去」であり「未来」を示すわけではないのです。

もしデータを読み解いて運用するだけで投資成績が向上するのであれば、保険会社などの各種「プロ」を抱える機関投資家は常に勝ち続けることになるはずです。しかしながら、**多くの「プロ」がインデックスと呼ばれる企業の集合体である指数に勝てていないのが現実です。**

だから私たち個人投資家は投資、株について「立ち止まって」勉強する必要はないと今では考えています。私がおすすめするのはただ一つ。

身銭を切って、投資をはじめてください！

そして、資産の変動という荒波に揉まれてください！

一つ一つ投資判断を繰り返すことで考えを修正し、自分なりの投資法を身につけていけばいいのです。

喜ばしくもあり悲しくもあるのですが、資産運用には正解がなく、正解がないからこそ試行錯誤を繰り返し続けるしかないのです。

資本主義は残酷

資本主義は本当に残酷です。

保有資産を適切に運用する限り、お金持ちは益々お金持ちになり、その格差は拡がるばかりです。

繰り返しになりますが、１億円を全世界株式に分散したインデックス投資にて運用すればおよそ４％の利回りが期待できるので年間４００万円の利益を見込めます。よって１億円さえ用意してしまえば、働かなくたって、前述の年収中央値と同等の利益を手に入れることができます。

皮肉な話ですが、**お金持ちになるためには、まずお金持ちでなければならないのです。**

これをズルいと切り捨てて嘆くだけでなにも行動に移さないか、それならば1億円を手にすれば働かなくても生きていけるじゃん！　とポジティブに捉えるかで将来の金銭的な豊かさが大きく変わります。

確かに1億円をすぐに手に入れることはできません。1億という数字はどう考えても「莫大」です。でも、私が達成できたように実現不可能ではありません。例えば資産運用には「複利」があります。それは運用の結果お金が増えれば、増えたお金が新たな利益を生み、そうやって増えたお金もまた利益を生むという連鎖をつくります。このシステムを比較的早期につくることで、資産1億円はグッと身近なものに変わります！

紹介したとおり、私の資産運用の道は300万円からはじまりました。**その300万円だって、毎月10万円の貯金がスタート地点なのです。**最初からお金持ちだったわけではなく、「早期」に「大胆」かつ「積極的」に資産運用を行ったことで、私はお金がお金を引き寄せる力を味方につけたのです！

第2章

「爆速1億円」のための準備

高倹約力と高資産運用力とメンタルコントロールの話

わずか7年で「億り人」になれた理由

33歳にして、私が億り人になれた理由は単純明快……とは言い難いです。思うに、本章で述べる複合的な要因をいくつかクリアしていたからだと思います。

ここでは、手はじめに「22歳の新卒で就職、貯金0円からはじめる」という前提条件のもと、10年後の32歳で億り人になれるかどうかシミュレーションをしながら、いくつかのケースを考えてみたいと思います。

●ケース①

ケース①では高年収ですが、平均的な支出があり、資産運用は行わないものとします。初任給を受け取って以来の10年間、常に年収1000万円があるとします。税引き後収入を約700万円とし、生活費を二人以上世帯の全国平均である約300万円、また単身者の全国平均である約１８０万円（以上、総務省統計局「家計調査 家計収支編」［２０２０年］を参照）と仮定すれば、各年間貯蓄は約４００万円、約５２０万となります。よって、貯蓄を継続するだけでは32歳時点での金融資産はそれぞれ４０００万円、５２００万円ほどとなり、億り人には届きません。そもそも日本の大卒初任給での年収１０００万円は超々高難易度です。

ケース②

ケース②では平均的な収入ではあるものの、極めて高い倹約力を持つとします。ここでも資産運用は行わない条件とします。某番組の企画でもありました「1ヶ月1万円生活」ができるほどのドケ……ごほん！　言い間違えました。倹約力があったとしても、年収中央値と言える約４００万円の手取額約３２０万円を10年間貯蓄するだけでは、32歳時点での金融資産は約３２００万円となり、億り人には届きません。

ケース③

ケース③では極めて高い資産運用能力を持ちますが、定職に就いていないため限られた投資元本しか用意できず、追加投資を行わない条件とします。株式投資に心得があり、仮に年率20％を超えるような資産運用能力があったとしても、例えば単身世帯の金融資産の中央値である50万円（金融広報中央委員会「家計の金融行動に関する世論調査」［２０２０年］を参照）しか運用に回せなければ32歳時点で金融資産は３００万円ほどにしかならず、億り人は達成不可能です。

しかし、年率20％の運用成績を30年以上の超長期で成し遂げられるなら、たとえ初期投資額が50万円でも億万長者になれます。複利運用での平均年率20％という成績はそれぐらい尋常ではないことなのです。

これらのケースが示すように、「高収入」「高倹約力」「高資産運用力」のどれか一つが高いだけでは32歳での億り人は達成できません。

ご紹介のとおり、現在の私の年収は約４００万円と中央値に等しいです。

それでも、億り人になれたのは「高倹約力」「高資産運用力」に加えて、投資家向きのアビリティであるメンタルコントロール力と運を手にしていたからだと思います。

私が思うメンタルコントロール力とは、株価が軟調に推移してもまったく動じずに平穏でいられることです。例えば、私の利益のほぼすべては株価急落後の急騰で得られているわけですが、どうしてそういったことができるのかというと皆が売っている時に「嬉々として」買い集めているからです。

「皆が売っているから不安！」

「弱気相場入りしたということは、ここからさらに一段と株価が下がるかも！」

などと右往左往して取引をしていては、まさに資産運用でご法度とされる高値買いの安値売りに繋がりかねません。私の考えはむしろこうです。

「この企業、本業はすごく利益を出しているのにもかかわらず弱気相場だからといって釣られて売られているのでは？」

「長期で見ればバーゲンセール状態！　安く売ってくれてありがとう！」

と皆がメンタルコントロールを失ってしまい業績が極めて良好な超優良企業までをも安値で手放している時に、私は安くなった株価でその超優良企業に投資しているわけです。

そういう局面では、もちろん私の保有資産も皆と同様に大幅に急落しているわけですが、私は遠い将来の利益のために投資をしているという確固たるビジョンを持っているので、慌てふためいて売ったりなどは絶対にしません。

そうやって幾度かの株価急落局面を最大限利用することで、私は億り人になれたのだと確信しています！

まとめると、次のような公式になるのです！


「低年収×高倹約力×高資産運用力×極めて強いメンタルコントロール力×運」＝億り人

収入なんて生涯の資産形成に意味をなさない

野村総合研究所の「ＮＲＩ富裕層アンケート調査」によると（図1参照）、〝純金融資産保有額5000万円以上1億円未満〟を準富裕層と分類付けしています。ちなみに、この分類は全体中の上位約8％に入る計算になります。

さて、紹介したとおり私の収入は全世帯中でちょうど真ん中あたりです。とてもじゃないですが、収入が多いと胸は張れません。そんな低収入な私ですが、前述に紹介している

図1 純金融資産保有額の階層別にみた保有資産規模と世帯数

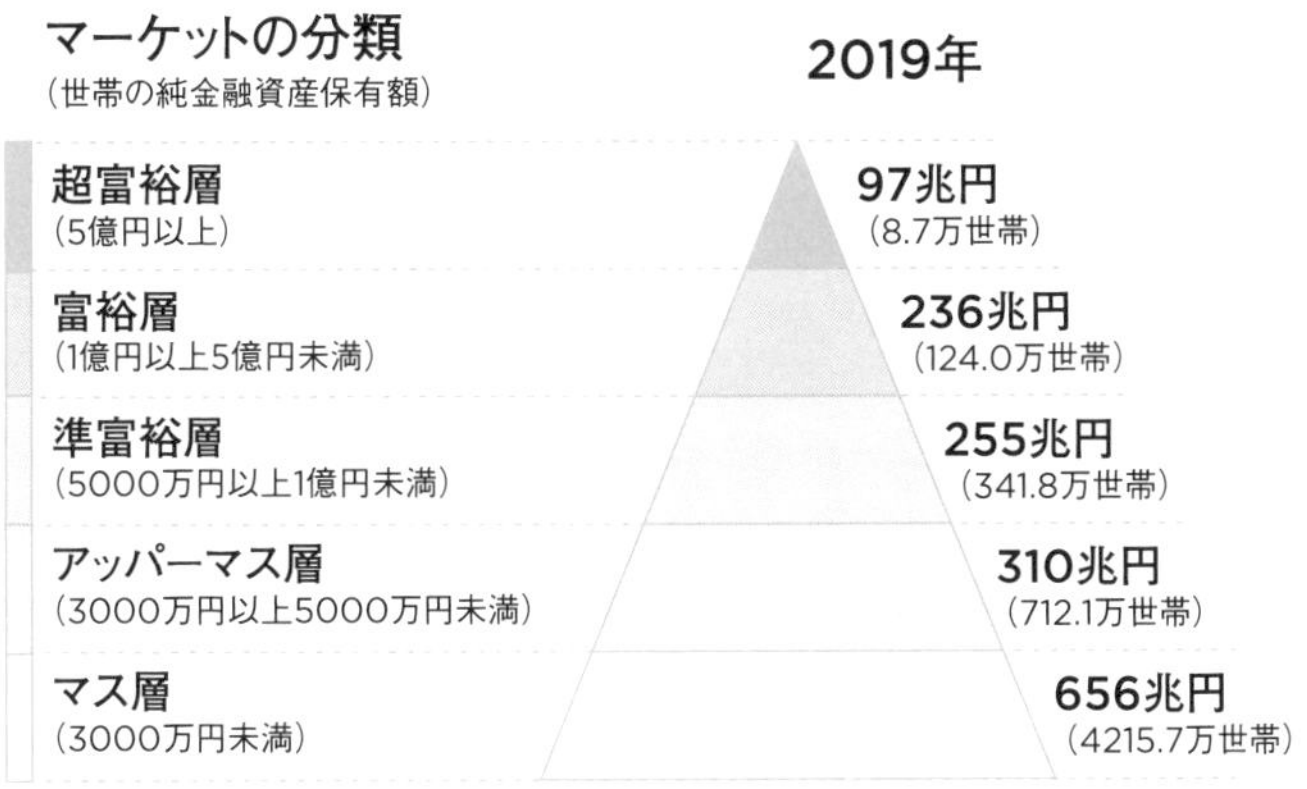

※「NRI富裕層アンケート調査」より

準富裕層あるいは富裕層（純金融資産保有額1億円以上5億円未満）入りを果たしていることになります。

株式などのリスク資産が大部分を占める私の金融資産は時期によって大きく変動しますが、富裕層入りだと上位約3％です。しかも、私の年齢は33歳と資産運用者としては比較的若い年齢で達成することができました。

この事実が示唆するところは、収入が資産形成に占める割合は努力次第で低位に抑えられるということです。

本当に本当に、多くの人が高収入＝裕福であると定義付けしていますが、決してそんなことはありません。確かに高収入であることは裕福への近道ですが、**低収入であるからといって、「お金持ち」になれないわけではないのです！**

「高収入」ではなく「高資産」にフォーカスする

収入が多いということは確かに、お金持ちの一つの条件だと思います。年収４００万円の人と１０００万円の人がよーいドン！　で資産運用をはじめるならば、それはもちろん後者が有利です。

でも実際はその限りではありません。それには人の根本的な欲求が色濃く反映されるからです。年収を上げたいと思う多くの人は

「生活レベルの水準を上げたい」

「高級ブランド品を身に着けたい」

などの欲望があるのだと思います。あるいは、知人・友人よりも派手な生活をしたいな

どの見栄もあるかもしれません。私はそれらが悪いことだとはまったく思いません。欲望こそが、行動の原動力になるからです。

ただ、欲望には果てがありません。青天井なのです。いくら収入が多くても、欲望のままにお金を使うのなら、穴の空いたコップに水を注ぎ続けるようなものです。そのコップが満たされる機会は未来永劫訪れません。

先に紹介したケース①を思い出してください。

高収入であっても、日本のような累進課税制度を採用する国では多くのお金が源泉徴収されます。その度合いはより高収入であるほど、増すことになります。さらに税引き後収入から平均的な支出をしてしまえば手元に残るのはわずかです。

このように高収入であることはお金持ちの条件の一つですが、高収入だからといってお金持ちになれるとは限りません。

そこで私が推奨するのが「高資産」です。

「高資産」は収入の多寡にかかわらず達成できます。才能なんてものは必要ありません。コツコツと貯蓄（運用）し続けることのできる強い意志と周囲に流されずに倹約できる忍耐力、その上で時間を味方につければ、誰にだって高資産は手に入れられます！

「高収入」が穴の空いたコップに水を注ぎ続けるのならば、「高資産」は穴の空いていない綺麗なコップに水を注ぎ、コップから溢れ出た水だけを舐めるように飲むような我慢強さが必要です。

しかし、それが達成できた暁には安定的な利益が見込めるようになります。資産があれば、幅広く分散した投資をすればいいのです。例えば運用によって得た利益（＝水）を別のコップに注ぎ、そのコップも一杯になればまた別のコップに……。まるでシャンパンタワーのように。それを繰り返し行えば、いずれ溢れ出る無数のコップからの水の量は、ダムから放水される大量の水になるかもしれません。

このようにお金はお金に引き寄せられる性質があるのです。

例えば、私の収入は年間４００万円にも満たない額しかありませんが、約1億円を運用しています。その高資産が生み出す利益は年間約１０００万円を見込めるので（この利益の根拠は後程紹介します）、低収入でありながらも高資産のおかげでお金を稼げています。この運用益である１０００万円もそのまま運用し続けるので、当然、これから先も資産は益々増えていき、資産が生み出す利益もまた、加速度的に増えていくわけです。

お金持ちになるためには「高収入」である必要はありませんが、「高資産」は必要不可欠です。

しかも、「高資産」は誰にでも手に入れられるものなのです！

30歳で金融資産2000万円に到達したが……

2015年4月に金融資産約800万円のうち、300万円を元本として株式投資による資産運用の道を歩みはじめた私は、さらなる倹約の甲斐もあり、**2018年7月（30歳）までの3年余りで金融資産2000万円に到達することになります。**

それはもちろん簡単な道のりではありませんでした。チャイナショックで一時は少なくない含み損を抱えましたし、そもそも新卒で就職してからの数年間は給与収入額自体が最も少ない期間です。かなりの覚悟を持って倹約し、月10万円以上を資産運用に回すようなお金の使い方をしなければなりません。

まずは、ここまでの簡単な資産推移を紹介します。

私がはじめて金融資産1000万円に到達したのは2015年末（27歳の時）です。この時点の資産形成は、ほとんど倹約による貯金がものを言います。自分自身の過去を振り返っても、1000万円までの間に投資を行っていたからといって資産形成ができたという記憶がありません。なぜなら500万円を10％の利回りで運用しても50万円にしかなりませんからね。

なので、**1000万円までは兎にも角にも倹約です！**

私は就職した年から年間200万円ほどを貯金していました（あとに詳細を紹介します）。お金を増やすためには、まずはお金がなければならないことにいち早く気づいていたからです。

前述のチャイナショックでは資産急落を体験するものの、実は2014年から2015年は「アベノミクス」という金融政策により、日本株式市場が大きく上昇した年でもありました。

日本も含めた世界全体に投資していた私は、チャイナショックの期間に積立投資を淡々と続けたことで、アベノミクス相場の恩恵にあずかることができ、日本株式からの利益のおかげでチャイナショックによる新興国株式の損失を抑えることができました。

後に特定の市場に集中投資をすることにはなりますが、資産運用をはじめた頃の分散投資によって資産急落局面を乗り越えられたというわけです。全世界への分散投資にはこういった成果もあったのです！

金融資産1000万円までは倹約を続けながらも、相場の荒波を体験し、分散投資の重要性を身をもって学びました。

さて、紹介したように2018年7月までにさらに1000万円の資産を積み上げることになりますが、**1000万円を超えるとやっと資産運用による力を実感できはじめます。**1000万円を10％の利回りで運用すればリターン100万円です！　給与収入による200万円＋資産運用益100万円ともなれば、資産上昇速度が加速するのを体感できるはず……だと思っていましたが、現実はそう甘くはなかったのです。

2017年3月、全世界株式に分散したインデックス投資から、米国個別株への分散投資に切り替えはじめます。詳細は後ほど述べますが、米国株式市場の強さに惹かれ、資産を爆速化するための投資戦略でした。

ここからおよそ2年間、端的に言えば、これは失敗に終わります（「利益を得る」という意味では）。

この経験があったからこそ、のちの「爆速・爆益」を成し遂げることができたとも言えるので、重要な期間ではあったのですが、当初の思惑とは違った結果になったことは間違いありません。

よって、前述のとおり、2018年7月に金融資産2000万円に到達しましたが、これは1000万円到達時と同じように、ほぼ倹約によるものということになります。

ですので、2000万円までも兎にも角にも倹約でした！

なにはともあれ、30歳で2000万円と聞くと、とても高いハードルのように感じられると思います。けれど、資産運用を堅実に行えば、お金がお金を稼いでくれるようになるのを必ず実感できるので、見かけの数字ほどの難しさはないはずです。やはり、最も苦労するのは最初の1000万円です。**1000万円から2000万円、そして2000万円から3000万円は理論上もっともっとハードルが下がります（事実、このあと2000万円から3000万円に至る過程は資産運用による成果でした！）。**つまり、お金を持っている人は益々お金持ちになるし、持っていない人は持っていないままなので、その差は時間の経過と共に拡がるばかりなのです。

あなたの人生において「今」、この瞬間が一番若いのです！

無理だと決めつけず、まずは1000万円を最速で目指してみましょう！

最初は険しい道のりになるかもしれませんが未来の自分にとって、必ず糧となります。

20代で1000万円を貯める方法

私は働きはじめて間もない頃から積立貯金制度を利用していました。しかも、即時出金ができないという足枷つきです。積立貯金を選んだ理由は普通預金に比べて利回りが良かったからだというのが主な理由ですが、今になって思えば強制力があったことも功を奏したように思います。人間の意思なんてそう強くはありません（笑）。

私の年400万円に満たない給与収入でも、賞与を考慮すれば25万円程度は毎月口座に振り込まれる計算になります。25万円もあればそれなりの贅沢ができますし、欲しいものも手に入れられます。

その気になれば使えるお金が手元にある状態で、それをグッと耐えて貯金をするというのは、実は難しいことなのではないかと最近は思います。なので、人間の根源にある欲望という意思に抗うためにも、「天引き」貯金を利用することをおすすめします！

参考までに当時の貯金設定額を紹介します。

社会人1年目　毎月3万円
社会人2年目　毎月5万円
社会人3年目　毎月10万円

また賞与月は別に40万円を貯金していました。

4年目以降は貯金を一切行わず、資産運用をはじめました。

ちなみに、これは積立貯金の毎月の設定額であって、余剰分のお金は別途普通預金を利用していました。３年間を均《なら》して年間２００万円ほどは貯金していたことになります。

最低限かかる生活費を除いて、月１万円ほどで生活していました。仙人のような暮らしをしているように思うかもしれませんが、低収入で20歳代の中盤で１０００万円のお金を貯めるというのは、それくらいの我慢はどうしても必要となります。

私は資産運用をはじめるまでに3年の歳月がかかりましたが、この本を手に取ったあなたには貯金はおすすめしません。

さっきと言ってることが違うじゃないか！　とご指摘を受けそうではありますが、「どうしても」貯金をするなら、天引きの積立貯金をすすめるということです。

昨今は数百円から投資をはじめられます。

よって、**投資をはじめるための元本をつくる時間はもう必要ありません！**

それに運用するのは早ければ早いほど、利益を増やせる可能性が増します！

私が当時貯金していた額をもし参考にするのなら、**貯金としてではなく運用に回すための金額として参考にしてください。**

投資家1年生におすすめする二つの方法

残念ながら、資産運用で大きな成果をすぐには期待できません。繰り返しになりますが、資産運用をはじめた時点では皆一様に概ね元本が低額であることが大きな理由です。100万円を10%の利回りで運用しても10万円にしかならないのです。資産運用で成功するコツは単純で、幅広く分散した投資対象に、ゆっくりと長い時間をかけて、コツコツと積立投資を行うことです。

しかしながら、人間は欲深い生き物であり、ゆっくりと時間をかけて、コツコツと運用することを苦手に思う人が大半です。だから経験の浅い「投資家1年生」が、書籍やインターネット情報に影響を受けて個別株投資から入門し、その不安定な値動きに耐えられなくなり、資産運用そのものをやめてしまうことも珍しくはありません。

一般的に個別株はS&P500のような指数と比較して値動きが荒く、それゆえに資産が増えるスピードも、減るスピードも速いです。なので、いち早く大きく稼ぐために個別株投資を選ぶというのは間違ってはいませんが、やはり推奨できるものではありません。

私が主に活動しているTwitterでも、個別株で長期投資を志すと明言しておきながら短期的な値動きを許容できず、勝負に出た挙句に退場……などと悲しい結末を迎えている方をお見かけすることもあります。

例えば、2020年に起きたコロナショックでは私の資産の半分以上が消滅しました。「半分以上」と文字にすればたやすいですが、「その程度なら耐えられる」と思った方は想像してみてください。来る日も来る日も減少し続ける資産額や悲観的なニュースを。

3000万円以上あった資産があっという間に2000万円を割り込みました。

3000万円といえば、当然大金です。当時32歳で高収入ではない私が、3000万円という大台に到達するためには並大抵じゃない努力があったことは想像に難くないと思います。それがたったの数日間に1000万円以上消失するのです。

覚悟はしていたし、承知の上でリスクをとっていたのだから私は乗り越えましたが、当時は証券口座の数字を見るのを避けていたし、FIREはやっぱり難しいんだなぁと遠い目をしながら日々を過ごしたものです。リスク許容度が比較的に高い私ですら、焦燥感や絶望まで覚えたものですから、扶養家族がいる場合や住宅などのローンを抱えながら資産運用をしていた方の阿鼻叫喚は十分に察することができます。

それでも私は7年という資産運用経験があるからこそ個別株投資でも大きな利益を手にすることができました。社債、インデックスと順にボラティリティを拡大し、**どれくらいの値動きが自分にとって許容できるのかを知る期間があったからです。**

ではなぜこれから資産運用をはじめようとする方が、私のような経験者と同じステージに立って運用をして、すぐさま成功をおさめることなどできましょうか……？

勉強でもスポーツでも、時間をかけて練習をするなどの努力をしてはじめて人並み以上になれると私は考えています。資産運用においても同様のことが言えるはずなのです。

そこで私が投資家1年生におすすめするのは次の方法です。

●種銭を用意するための時間をつくらない

元本が大事だからといって、まとまったお金をつくるために貯金を推奨しないというのはお話ししました。貯金に運用利回りがほとんどないことも一つのポイントですが、より大きな理由は**「リスク資産にお金を投じた場合の値動きに慣れる」**ことです！

5年も運用を続ければ、市場の値動きを一通り体験できます。だから一刻も早く資産運用をはじめて、金融資産額が上下する機会を得るべきです。

●最初はインデックスなどの幅広く分散した資産運用を

先ほど述べたTwitterでのある投資家は個別株長期投資と銘打っておきながら、当初の計画を成就できませんでした。それは投資対象の値動きが自分の許容範囲をはるかに超えるものだというのを知らなかったからです。

「計画」なんてものは机上の空論でしかありません。いくら野球のルールを知っていても野球が上手にならないように、資産運用においても大きな勝負に出る前には「練習」が必要なのです！

最後にもう一度、私自身の体験を紹介します。

最初は年間200万円ほどの貯金を3年間継続しました。しかし、どれだけ倹約に励んでも私の収入では年200万円が限度です。貯金だけで1億円の金融資産を持つには50年もの年月が必要になります。

もっと早く1億円を手に入れたいと思った私は資産運用を開始します。まずは比較的リスクが少ないと考えた社債に300万円を投じ、15％の利益を得ます。15％は普通預金の1千〜1万倍とはいえ、元本自体が少なければ、やはり資産が増加するスピードは遅いことを実感します。

そこでより元本を増やすための倹約を重ねつつも、余剰資金はすべて世界全体へ分散してインデックス投資信託を開始します。運用中に急落・急騰を重ねながらも、唯一安定して成長を続ける米国の存在を知ります。そこで運用していた投資信託を売却し、米国の個別株投資へ移行し、投資元本の約400％成長を達成します。

７年間、試行錯誤を繰り返してやっとたどり着いたのが現在の資産額なのです！　年収が４００万円未満でも、２００万円という、単身世帯の金融資産中央値である50万円の4倍もの額を倹約の上、捻出し、資産運用に回すことで投資元本を肥大化させるというのが私にとっての低収入であることを打開する攻略法でした。

未来の爆益を生むための倹約術

33歳で1億円の金融資産を達成できました。このうち、資産運用で得た利益は8割弱です。つまり、２０００万円超は自力で積立したことになります。

後に撤回されたものの、金融庁の報告で夫が95歳、妻が90歳まで生きるには２０００万円が必要との試算が一時期話題になりました。いわゆる「老後２０００万円問題」ですが、批判の的になったのは

「２０００万円もの大金を個人で用意できるはずがない」

「そうならないために年金制度があるのではないか」

といったものが大半でした。

要するに多くの方にとって2000万円というのは勤勉に働き、何十年と労働を重ねても捻出するのが難しい額だというのが推察できます。しかし私はそれを30歳、しかも年収300万円台で成し遂げることができたのです。

人並みの暮らしをしていては、決して届かない数字です。かなり高度な支出コントロールが必要です。そこで参考までに私自身が人生のなかで最も収入額が低い期間の10年間で、どのように2000万円以上を捻出したのか、その支出コントロール術の一部を紹介します。

私は賞与を含めた税引き後の手取収入のうち、**60%以上を投資のための資金として捻出することが可能な、極めて高い倹約力を持っています。**交際費を惜しまない、欲しいものは必ず手に入れるなどの支出があるとはいえ、そういった一時的な支出額は実はそう大きなものではありません。

最も抑えるべき支出は「固定費」です。

まず一番に削減可能な対象なのが、住居費です。私は実家暮らしです。恵まれたことに家族仲は良好ですし、この先もさらなる資産を増やすためにも固定費削減は必要なので、実家を拠点として活動し続けたいと考えています。しかし「世間体」は良くないです。

「いい歳になって親離れができていない」

「自立できないようでは結婚ができない」

そういった声を聞くこともありますが……だから、なに？（笑）

私は他人が私をどう思おうと知ったこっちゃないです。

後ろ指を指されたって、私に刺さることはありません。

私は自らの選択で、最適解を選ぶことだけに注力します。

家族仲が良好で、実家から職場へ通えるのだから、わざわざ一人暮らしを選択して無駄な支出を増やす必要はありません。

世間体がどうだとかを気にしていては、いつまでたっても「世間」から抜け出せません。他人と違うことをしてはじめて、他人とは違うものが手に入るのです！

なので、私の住居費は「4万円」に抑えられています。日本でも屈指の田舎に住んでいます（参考までに私の居住地域の家賃相場は約4万円です）ので物価は安いですし、今どき珍しい3世帯家族なので単身者や核家族と比較して一人当たりの生活費も安いです。ちなみに就職後すぐは2万円でした。時を経て、少しずつ収める額を増やしていく方法を採用していました。

とはいえ、現在の資産額でいえばもっと負担してもいいとは思うのですが、

「将来のために投資をしている」

「現在のお金は将来何倍にもなる」

「そもそも私たち若い世代は、この先税金負担が増してジリ貧になる」

などの交渉の上、了承して貰っています。

しかし実際には地方から都会へ単身赴任している方の割合の方が大きいと思います。私は自らの選択で、地元で生活をすることを決断しました。その分就職活動では選択の余地が限られ苦労しましたが、決断の成果として後の固定費削減に繋がっているのだと思います。

一方、自らの選択で単身赴任を決断した人はどうしたって支出に占める住居費の割合が高くなります。なので数年間だけでもいいので、住居費の節約をおすすめします。例えば、1万円でも賃貸料の低い物件を選べば、年間12万円の資金を捻出できます。5年間なら60万円です。前述のとおり、単身者の金融資産保有額の中央値が50万円ほどである現在

の日本で、60万円の資金捻出は決して少なくない額です！

次に抑えるべき対象となる支出は「保険料」です。

はじめに断っておきますが、「保険契約を解除しましょう」というわけではありません。投資対象を理解して、適切な商品を選びましょうということです。私自身、就職後すぐに保険に加入しました。最も掛金の安いプランでしたが2年間ほど契約していて思ったのです。その間、保険に加入していることで恩恵を受けることはなかった、と。私には欠如していたのです。事故や疾病にかかる確率や、その際にどれくらい費用が必要なのかという知識が。

そもそも、年間少なくとも200万円以上の貯金をできていたこと、扶養している家族がいないこと、民間保険未加入でも要件によっては国からの補助があることを考慮すれば有事の際にも保険に加入していないことで困ることはないのではないかと考えたのです。

その決断に至ったあとはすぐに保険を解約し、年間3万円程度の節約に繋がりました。年間3万円なら大した額じゃない、それなら「もしも」の時のために保険に入っていた方がいいと思うかもしれませんが、先ほどの固定費節約と合わせて考えると5年で75万円の資金が捻出できます。

繰り返しになりますが、保険を否定しているのではなく、投資対象を理解し、取捨選択をしましょうということです。

第3の抑えるべき投資対象は「携帯料金」です。

最近は国の積極介入もあり、契約プランが簡素化されました。とはいえ、価格差はもちろん存在しています。ここで見直すべき点は、例えば現在契約中のA社のプラン月額○千円と、競合他社B社の（A社よりも安い）プラン月額×千円の違いを認識できているのかということです。

この価格差を認識し、納得の上でそれでもA社を選ぶのなら私はそれでもいいと思います。ですが、価格差を比較検討もせず、料金設定やプランの仕組みも理解していないというのであれば、今こそ重い腰を上げましょう！

参考までに、MMD研究所によるスマートフォンを利用している全国の15～69歳の男女1万5000人を対象に2020年10月16日～19日に行った「2020年11月通信サービスの料金と容量に関する実態調査」によると、月々の携帯料金の支払い平均金額は大手3

キャリアが８３１２円、格安ＳＩＭは４４２４円、ＭＶＮＯは３７７１円とのことです。最高額のキャリアと最安額のＭＶＮＯの差額は約５０００円。よって年6万円の節約になり、先に紹介した住居費と保険料の固定費節約と合算すると5年で１０５万円の資金捻出が可能になります。

これらの固定費を削減することで、私のように収入が少なくても余剰資金が捻出できることがわかります。私は20歳前半より、これらの節約を組み合わせて行ってきました。しかも当時は固定費だけではなく、欲しいものも、したいことも我慢しました。友達付き合いや、恋愛だってする20歳前半の多感な時期にです。それくらい貪欲になれたのは就職活動で挫折したことや、経済危機を体験したからだと思いますが、やはり私には倹約耐性がそもそもあったのでしょう。

それでも本当に欲しいものは必ず手に入れました。高級時計やブランド物、上限なしの交際費などストレスを溜めない程度に倹約をしていました。必要な支出か不必要な支出かを明確にすることがポイントだと思います。というか、将来欲しいもののために現在倹約しているのですから、倹約家というのは実は強欲なのだと思います。

とはいえ簡単に私のような倹約ができるとは思いません。しかし努力をする前に、諦めたり逃げたりしないでほしいのです。だって私は凡人なのです。年収1000万円以上ある高収入者や外国語が堪能な海外居住者などではありません。どこにでもいるような平凡な私でも工夫次第で資産形成できるのだという事実を知ってほしいです！

とにかくそうやって一生懸命に倹約して捻出したお金を、減るかもしれないリスク資産にほぼ全額を投資し続けることで、33歳にして1億円を手に入れることができたのです。

なによりも大切なのは、時間です！

より早期に倹約の大切さに気づき、より早期に運用利回りと複利について知ることが億り人への近道なのです！

第3章

金融資産3000万円超えの爆速米国株投資術

私には「米国個別株集中投資」しか選択がなかった

金融資産1億円突破までの投資遍歴

前章では軽く触れた投資遍歴ですが、本章はより大きな利益を生み出すための試行錯誤の一部を紹介します。

改めて……

- **25歳（2013年12月）　社債開始**（※27歳社債償還）
- **27歳（2015年4月）　全世界株式に分散したインデックス投資信託開始**

ということで、資産運用をはじめ、最初の約4年間は低ボラティリティかつ、幅広く分散した運用を行いました。

この期間にリスク資産の値動きに慣れることができましたし、実際に運用を行ったことで「比較対象」をつくることができました。また、全世界に幅広く分散していたことで、チャイナショックで資産価値が急落しても、不安なくホールドできました。

幅広く分散していたおかげで値動きは安定していましたが、その間にどの市場よりも早く、大きく成長している米国という存在を発見しました。

そこで、米国を代表するS&P500インデックス（バンガード・S&P500ETF［VOO］）の直近10年間チャートを、前述の「全世界に幅広く分散した株式運用で得られる可能性の高い、おおよそ年平均４％の利回り」となるであろうバンガード・トータル・ワールド・ストックETF（VT）と比較してみて、私は二つの意味で驚きました。

まず一つは米国株式市場の強さです。当初想定していた以上に、全世界株式に分散するよりも利回りが高かったのです！　そしてもう一つはVTの利回りです。例えば、世界銀行によると今後数年間の世界経済成長率は４％程度を想定しているとのことで、その「世界経済成長率」に倣って年平均４％程度の利回りを想定していましたが、実際には４％を優に上回っていました！

ともあれ、直近10年は世界株高の影響もあるので、私は長期的には平均回帰するだろうと保守的に見積っています。よって、前者を９％、後者を４％と想定しています。

賢明なる読者の皆さんはお気づきのことだと思いますが、元本が巨額になった場合、わずか1％の年率リターンですら大きな差が生じます。にもかかわらず、全世界と米国市場の差はなんと2倍以上！

欲深い私は考えます。

「短期的なボラティリティさえ許容できるのであれば、全世界に分散しなくても長期では高い成長率を実現できるのではないか」

「そもそも、分散するということは低成長の投資対象にも資金を振り向けることになるのではないか」

就職活動時に内定辞退を選択したこと、また25歳にして資産運用の道を歩みはじめたりなどの「英断」を下してきた私ですが、またしても（結果的に）素晴らしい選択をします。

それまで頑なに「分散」していた私は米国株式市場に「集中」する決断をします。

この流れならS＆P500などのインデックスに投資したのだな、そう思いましたよね!?　ここで私は極端な選択をとってしまうのです。

29歳（2017年3月）米国高配当個別株分散投資開始

そうです。なんと米国のインデックスではなく、経験したことのない個別株に突っ走っちゃうわけです。

この時の私の考えはこうです。

「いや待てよ。指数が超長期で成長するのならば、指数に構成される個々の企業はより高い成長が見込めるのでは」

「より高いリターンを目指すためには、指数に構成される低成長企業を除外した方がいいに決まっている！」

はい。欲深さゆえに考えが飛躍しすぎたわけですね（笑）。

後に触れますが、この考え自体は間違っていないと私は思います。ただ、この時点では「集中投資」の本質を見落としてしまっていたのです。

このように、日本人にとってなじみが深い「配当」に注目して個別株投資をはじめました。

「個別株は投資信託と比較して値動きが激しい」

「けれど現金での配当があるのなら、激しい値動きにも耐えられる」

そう思ったのが高配当株を選んだきっかけでした。当時は、雑誌やブログなどでも高配当株投資が頻繁にピックアップされていたので、皆が選んでいるからという根拠のない安心感も後押ししました。

しかしながら、高配当株投資は「私には」合いませんでした。まず高配当であることには二つの視点があります。

一つは「利益が莫大」であること。企業が配当として投資家へ還元するのは税引き後の純利益が原資となります。純利益が莫大であれば、当然還元するための資金も豊富となるので高配当となります。

二つ目が「人気がない」こと。株式保有者が少なければ、配当を受け取る権利保有者も少ないです。いわゆる「分け前が多い」ことで高配当になっている場合です。

高配当株投資をする上で気をつけなければならないのは「人気がない」場合です。市場にはたくさんの投資家がいます。その数多いる投資家が、該当企業を売っていることで結果的に高配当になっている場合は将来性に不安があり、経営状態にリスクを抱えている可能性を考慮しなくてはなりません。その場合、長期に渡り株価が低迷することが考えられますが、その期間に割安となった株価で再投資を続けられれば、「いつの日か」大きく報われるかもしれません。

先ほど「私には」合わなかったという理由がこの点です。私は「早く」お金持ちになりたいからこそ、米国株式市場に集中し、より大きなリターンを得るために個別株投資を選択しました。

「早く」お金持ちになりたい私が、高配当株投資を選択するのは根底から「方法と手段」を誤っていたのです。

高配当株投資は「バリュー投資」と分類されますが、バリュー投資のリターンが低いわけでは決してありません。「当たればデカい」のですが、それがいつ、（しかも）報われるかどうかもわからない点がポイントです。

そして、これらの経験から学んだ私がたどり着いたのが現在の投資方法。

31歳（2018年7月）　米国成長株集中投資開始

このように、決して投資の軸が固定されていたとはいえない投資遍歴の上で大きなリターンを得ました。

迷いながらも、試行錯誤を繰り返すことではじめて「自分にとっての」最適解となる投資手法にたどり着けます。

繰り返しになりますが、株式投資には正解がありません。正解がないからこそ、投資手法は柔軟に、経験に基づいて変わっていくべきだろうと考えます。

株式投資において米国を選択する三つの理由

ご紹介したような投資遍歴を経て、私は現在の米国株式投資にたどり着くわけですが、それには調べれば調べるほど、米国を選択する理由があったからです。簡単にですが、私がなぜ米国を選んだのかを三つのポイントにまとめます。

徹底した株主至上主義

日本は一般的に終身雇用制度を採用しています。雇い主にとって欠かせない戦力を持つ社員Aも、いつまでもミスを繰り返すようなお荷物社員Bも、昇進程度の差こそあるものの、退職までは雇用し続ける場合がほとんどです。日本の株式会社は利益を伸ばすことよりも、社員の解雇を避けるなど、とにかく会社が存続することを重視した保守的な経営をすることが多いです。

一方で米国企業は利益を伸ばすことを最重要視した革新的な経営をすることが主です。なぜなら、**米国は世界で最も株主至上主義であり、「会社は株主のものであり、株主にとっての利益を最大化するべき」**という考えが根づいているからです。

例えば、企業のトップである最高経営責任者（CEO）は株主が選任し、株主が解任する権利を持つわけですが、米国は株主が積極的に経営に参加します。よって、株主にとって利益にならないような経営をするCEOは即座に解任されますので、CEOはとにかく利益を出すことに精進します。そのため、会社にとってお荷物な社員は不要であり、リストラを積極的に行うのが特徴です。こうやって企業は常に新陳代謝され、利益を出すための効率の良い集団となるのです。

●継続する人口増加

「国とはなにか」は難しいテーマですが、私は「国とは人」だと考えます。よって、国力とはすなわち人口です。2019年に国連が公表した世界人口予測において、我が国日本は同年約1億2000万人の人口が2050年には1億人ほどとなり、なんと2100年には約7500万人にまで落ち込むとのことです。一方、米国では2050年に約3億8000万人と推計しており、2019年の約3億3000万人から増加の見込みとなっています。そしてなんと2100年では4億3000万人超！

人口が多いことが必ずしも強い経済を生むとは限りません。例えば、インドや東南アジア、アフリカなどの地域は、今後米国よりも早く、大きく人口が増加し続ける国ですが、私はそれらの国に集中投資をしようとは思えません。なぜなら、米国のように株主至上主義ではないからです。それに、人口が多いといっても国民の購買力が低ければ経済は好転しません。その点、米国は所得が年約750万円もある中流階級以上が国民の50%を占める裕福な国なのです！

増加し続ける人口は「強い消費」と「豊かな才能」をもたらします。加えて、米国が人口増加し続ける大きな理由として移民文化があります。さまざまな人種や宗教などの文化を取り込んで多様性を受け入れることで、知識・技能はさらなる発展を遂げることでしょう。それらは米国をより先へ成長させるエンジンとなります！

繰り返される創造的破壊

今私たちの身の回りにあるものはなんでしょうか。例えば私はiPhoneのアラームで目覚めます。日中ふと気になったことはGoogleで検索しますし、この原稿はWordで執筆しています。また、出無精な私はコロナ禍で特に外出しなくなったので日用品はAmazonで宅配して貰いますし、就寝前はNetflixのコンテンツを見ます。

私の1日は以上のようなプロダクト、サービスとかかわらずにはいられませんが、これらすべてを米国の企業が提供しています。栄枯盛衰は世の習いですが、**イノベーション大国である米国はその流れのなかでディスラプション（創造的破壊）を力に変えてきました。**

例えば、2007年に最初に発売されたiPhoneは当時、すでに普及していた携帯電話と比較して価格が高いことや動作不良が頻発したことから米主要各紙などからは酷評されていました。ところが10余年後の現在、携帯電話はスマートフォンに駆逐され、そのスマートフォンの代名詞がiPhoneになったといっても過言ではありません。私は今後もiPhoneを使い続けるつもりです。だって、なに一つ不満がないんだもの！

もう一例紹介します。コロナ禍による「おうち時間」において利用していた方も多いと思いますが、Netflixは元はと言えばオンラインでのＤＶＤレンタル会社からはじまりました。断言しますが、10年先に生まれる子どもたちは「ＤＶＤ？　なにそれ美味しいの？」となること間違いありません。２０１５年に日本に進出したNetflixはほんの数年で、当時しっかりと根づいていたＤＶＤ文化を駆逐します。今ではレンタルショップへ行って、数多ある作品からなにを観ようか悩まずとも、自宅にいながらクリック一つで、あろうことか私の趣味さえ把握して「こんなの好きでしょ？」と視聴すべき作品をすすめてくれるわけです。今ではストリーミング配信が新たな文化になりつつあります。

私たちにとって欠かせない体験を提供してくれるこれらの企業が、どうして衰退していくと想像できるでしょうか。また、もし衰退するとしても、それは愛すべき新たな創造的破壊者の誕生ということでしょう！

これらの三つのポイントはあくまでも私が「米国最強！」と息巻いているほんの一例に過ぎません。けれど、私にとってはこの3点だけでも十分に大切なお金を預けるに値します。

私は営利企業に勤めているわけではありません。きっと終身雇用も叶うでしょう。しかし、居住国日本は人口が減少し続けることが「確定」していますし、私の能力では創造的破壊企業のような素晴らしい企業に勤めることはできません。

ねっ？　気づきました？　これら三つのポイントは日本の非営利企業に勤める平凡なサラリーマンである私にとって、叶えられないはずのものなのです。

まさに最強のリスクヘッジ！　米国株式投資は平凡で低収入の私のような人間が現状を打破するためのフロンティアなのです！

投資をしないことによる格差を具体的に計算してみた

米国株式市場に対する私の熱い想いはある程度伝わったことでしょう。では実際に米国株に投資すると、どれくらいの利益があるのかを少し紹介します。

まず私は、今後米国株投資をして得られる実質リターンは「9%」だと考えます。

この「9%」の数字の根拠ですが、まずベースとしてあるのがジェレミー・シーゲル博士の研究による「200年という超長期に及ぶ期間において、米国株式市場は配当込みの実質ベースにして年間およそ7%成長していた」というデータです。

一方、直近30年での同リターンは「10%以上」を記録していることから、シーゲル博士の研究結果を肯定してかつ、昨今のテクノロジー発達による利益率の向上などにより今後は7%を超えるリターンも期待できるはずです。

加えて、日本では米国のような恒常的なインフレが発生しておらず、今後も発生しない可能性が高いと考えているので、仮に今後のリターンが直近30年のように「10%以上」とはならず、前述の超長期平均である「7%」に収束するとしても、円ベースの実質リターンは「7%以上」が望めます。以上のことから、私は米国株投資による今後の実質リターンは9%ほどだと想定しています。

私が米国株投資をして、堅実な資産形成ができると考える最大のポイントがこの超長期平均約9%を見込める成長率です。例えば、資産を倍にするために必要な期間の算出方法として「72の法則」があります。これは72÷運用利回り(x)の計算結果が概ね資産を倍増するために必要な期間だとされています。**S&P500に投資したならば72÷9＝8となり、およそ8年で資産が倍になる計算となります。**この先は机上の空論ですが、40年間の運用期間があるとすれば、ざっくり5倍になる計算です。**私が机上の空論と思うのはマイナス面ではなく、複利を考慮すれば5倍以上に増えると予想しているからです。**

ちなみにですが、私は7年の投資歴で資産を約5倍にしました。後述する個別株への超集中投資をすることで高リターンを掴み取りましたが、その間S&P500も年率10%を優に超えて推移しています。なので、私のように株価変動に神経をすり減らすようなリスクをとらずとも、個別株投資を選択して銘柄分析なんかしなくとも、私と同じ7年前にS

&P500に投資をして今日までホールドさえしていれば、保有価値は2倍を超えていることになります！　大事なことなので、繰り返します。

利益を出すための学ぶ時間も日々の値動きをチェックして売買を繰り返す必要もなく、7年前にS&P500に投資をしていただけで、その価値が2倍を超えているのです！

もしかしたら疑い深い読者の皆さんにおかれましては、

「それはあくまで過去の話でしょ？」

「ほっとくだけでお金が増えるなんてのはあり得ない」

なんてことを思うかもしれません。

確かに、過去に起きた出来事が未来にも起きるとは限りません。これについては同意です。ですが、200年間「なぜか」約7%の成長をしてきたのなら、先200年も「なぜか」その流れが続きそうな気がしませんか？　私は1週間後の気象予報より、政治家が思い描く理想より、ひいては私自身が私に期待するよりも、強く強く米国株の明るい未来を信じられます。

それでも万が一、未来が過去にあった平均年率7%を達成できないのなら、それは資本主義の終焉です。それは米国や日本、欧州などの先進国が土台としているイデオロギーそのものの終わりを意味します。そうなれば「お金」という概念自体が価値を失うかもしれません。

先にも紹介しましたが、私はゼロリスクを求めません。起きるか起きないかもわからないような可能性はそもそも一切考慮しません。２００年間続いた平均年率７％の成長が続くことに全力で賭けます！

さて、ここで投資をしない場合の資産を倍にする期間を計算してみましょう。利回りは普通預金の一般的な金利である、０・００１％とします。

72÷０・００１＝７２，０００（年）

計算して少しフフッとなりました。生きているうちに2倍にすることは不可能ですね。

これが米国株投資家と非投資家の厳然たる差です。

これでも投資が怖いでしょうか？

これでも重い腰をあげて口座開設しようと思えませんか？

クリック一つで資産運用ができる恵まれた時代です。
米国への株式投資が簡単にできる恵まれた時代です。

投資で大切なことは「桃鉄」から学んだ

私はボードゲームが好きで、小学生時代よりＴＶゲーム「桃太郎電鉄」や「人生ゲーム」シリーズで遊んでいます。ボードゲームはサイコロを振って出た目によるいわゆる「運ゲー」ではないか、と思われているかもしれませんが、そんなことはまったくありません。むしろ戦略性に富んだ頭脳ゲームなのです。なかでも「桃太郎電鉄（桃鉄）」は現在の投資家としての私を形成する礎になっているといっても過言ではありません。

知らない人もいると思うので、まず「桃鉄」がどういったゲームなのかを説明します。

本作品は鉄道会社の運営をモチーフにしたボードゲームで、所定のターン数後の総資産が一番多い人が勝利するといった内容です。プレイヤーはゲーム開始直後、一定額の持ち金を基に目的地に到着することで援助金を貰ったり、道中の各駅に存在する物件に投資をすることで収益を手に入れたりして総資産を増やします。

最近の新作では、ネット対戦が可能になり全国の猛者と短期決戦ができるようですが、私が遊んでいたのは友人との長期決戦が主です。なので、あくまでも井の中の蛙大海を知らず……ではあるのですが、私はたとえ1対3のように相手に結託されたアウェーでも、長期決戦で負けたことはほとんどありません。短期決戦ではどうしても「運」の要素が強くなるのですが、長期決戦になると資産運用力がものを言うからです。

ここでは私が「桃鉄」で勝つために意識していること、そしてそれが現在投資家になった私にとってどういう風に活きているのかを紹介します。

序盤はとにかく目的地を目指す

開始直後のわずかな持ち金では、物件投資をしようにもお金が足りません。なので、序盤はがむしゃらに目的地を目指します。目的地に一番に到着することで得られる援助金のみが序盤唯一の大型収入源になるからです。そのためには一着になる手段を選びません。

桃鉄にはカードという戦略的アイテムがあり、自分のサイコロ数を増やしたり、相手の邪魔をしたりといったことができます。私はとにかく目的地に到着するために、「あえて身銭を切って」サイコロを増やすためカードを購入します。そうすることで目的地に一着になる可能性を少しでも高めます。

↓私がここから学んだことは、**資産を運用しようにも元本がなければ元も子もないということ。**なので、がむしゃらに倹約または収入を増やす努力をして資金を捻出します。そのためには先行投資として、書籍を購入したり、資格を取るための必要経費を惜しみません。最速で資金を捻出するためには、身銭を切り、一見遠回りすることも厭いません。

●必要元本の低い（安い）物件から投資を開始

援助金を得たなら、最安の物件に「すぐさま」投資をはじめます。せっかく稼いだ援助金も使わなければ宝の持ち腐れ。それにいくら手元にお金があっても対戦相手やゲーム内のお邪魔キャラである「ボンビー（貧乏神）」に妨害されるので、どこかで失うのが目に見えています。それならば、物件を買って、少なくとも収益を得られる可能性に賭ける方が戦略的には吉です。

↓現金はハッキリ言って死に金です。手元に後生大事に保管しておいても、増えることはありません。それどころか人が生きていく上では少なくない支出がどうしても発生するので、徐々に減っていくことが確定しています。それならば、たとえ少しばかりだとしてもお金が「活きる」方法を選択するべきです。よって、**少額からでも資産運用をはじめた方が後々の支えになります。**

●ボンビー回避

桃鉄にはフィールドを縦横無尽に荒らす一体の貧乏神が存在します。この通称ボンビーはプレイヤーをあらゆるシーンでとんでもない規模の邪魔をしてきます。いや、邪魔なんて可愛らしいものではありません（笑）。ボンビーには回避方法があって、それは目的地から一番遠くにいないことが一つ、もう一つはボンビー所有者との接触を避けることです。どれだけ多額の資産を保有していても、ボンビーのイタズラにあった日には一瞬で無に帰すことも珍しくありません。というか、よくあります。なので、ボンビーには「絶対」取り憑かれないよう、サイコロを増やすカードを常備したりするなどの対策を、どれだけ高額の出費になろうとも惜しみません。

→リスク資産にお金を投じている以上、なにかしらのアクシデントは付き物です。**資産運用は不意に訪れる資産価値急落に備えなければいけません。**そのためには、失ってもいい余剰資金のみを運用に回すことや、どれだけ素晴らしい投資対象を見つけたとしても分散して運用を行うべきです。景気サイクルには波があるので、不景気もいつかは必ず訪れます。そうなった時に、泡を吹いて倒れないようリスクヘッジを行うべきです。

●資産が増えれば物件の独占重視

中盤までは目的地を目指すことで持ち金を増やしますが、ある程度まで進行すると投資先企業からの年間収益のみで新たに投資ができるようになります。そこからは遮二無二に目的地を目指すのをやめ、優良物件の買い付けを最優先とします。

物件にはさまざまなものがあります。少額ながら高収益のものも、高額ながら低収益のものも混在しています。中盤まではとにかく安い物件を買っていくわけですが、まとまった資金ができたあとは高額かつ低収益物件も含めた「各駅物件の独占」を目指します。物件は独占をすることで収益が2倍になるメリットがあるので、たとえ持ち金を全額投じるような高額物件でも無理をして買うメリットがあります。

↓資産が増えるまでは労働収入こそが唯一の収益源です。しかし、少額でもコツコツと運用していた資産は、徐々に雪だるまのように大きくなり、**いつしか資産自体がお金を稼ぐようになります。**そうなれば、相対的に価値の低下した労働収入よりもすでに運用している資産の利益率向上を重視することに切り替えることで、資産上昇スピードが加速します。

●目的地を目指さない

終盤は目的地を目指すことを放棄します。投資先物件から得られる収益が目的地到着の援助金をはるかに上回るので、目的地を目指すよりも物件独占化を進めること、もしくは対戦相手の所有物件を買収して独占の邪魔をする方が資金効率の上昇に繋がります。この段階まで進めば、目的地を目指してお金を増やすというルールに縛られないゲームプレイが可能になります。

↓私が現在目指しているステージですが、投資するための元本が莫大になれば、わずかな労働収入を追加で投じようと、もはや大海に滴る涙の一粒程度の影響にしかなりません。１億近くの金融資産を獲得できれば**完全にお金がお金を稼いでくれるようになるの**

で、お金に縛られない自由な生き方ができると思っています。

以上のように、序盤こそ労働収入に頼って（目的地を目指して）生計をたてますが、資産を運用（物件を買う）することで、労働収入に頼らない（目的地を目指さない）という縛られない生き方ができることを私は小学生にして学んでいたのです。

きっと桃鉄を遊んでいなければ、私は20歳前半からコツコツと貯金をすることもしていなかったし、ましてや資産を運用するなんてこと自体が頭になかったかもしれません。資産運用をはじめる時に背中を押してくれたのは友人ですが、やはり決断をしたのは私自身です。その一歩を踏み出せたのは、こういった経験があったからだと思います。

けれど、ここまでで紹介してきたように実際に資産運用を行い、調子が良い時も悪い時もあったその荒波を超えてきたことで、私はすでに労働収入に頼らない生き方を手中に収める段階までできました。

「株式投資」と聞いて「ギャンブル」のように考えている方が日本では未だに大半だと思います。どうやら働いて稼ぐお金は綺麗でギャンブル（株式投資がギャンブルだとして）で稼ぐお金は汚いなどの印象があるようですが、桃鉄で遊んでいた私はお金に綺麗・汚いの違いがないことを知っていました。むしろ、お金を稼ぐための最善策として努力と試行錯誤の結果、生み出されたものが株式投資という仕組みです。もしお金に綺麗・汚いがあるのだとすれば、株式投資はとても繊細で美しいお金の稼ぎ方だと私は思います。

このように資産を運用して不労所得を得られるようになることは、人生を豊かにする近道なのです！

多くの人にとって個別株は「リスクとリターン」が釣り合っていない

私は個別株投資で大きな利益を手に入れました。けれど、常に運用成績が右肩上がりだったのかと言うとまったくそんなことはなく、むしろ血にまみれた投資の歴史だったと言えます。

前述のように米国株に投資をはじめた頃は高配当株を選好していました。２０１７年３月、最初に個別株への投資を決めたのは大手石油、エクソン・モービル（Exxon Mobil

Corporation／XOM）です。当時は高値より20％ほど株価が安くなっていて、さらに3％を超える配当利回りがありました。2017年はすでに「石油は世界にとって良くないもの」だと言われていて、XOMは不人気銘柄に属していました。

とは言え、

「石油ビジネスがゼロになるなんてことはあり得ない」

「3％もの配当があるのだから、配当再投資しながらゆっくりお金持ちになればいい」

と考えた私は自信を持って、大切な資金をXOMへと投じました。

当時の構想として、最終的に10種類の個別銘柄で運用する予定でした。よって、その時点の**金融資産1200万円ほどのうち、120万円程度を買い付けました。**

バリュー投資の本質は先にも述べたとおり、本質的価値（ファンダメンタルズ）と比較して株価が安い状態を指します。市場に評価される前に（株価が上昇する前に）割安な価格で投資をしておき、「いつの日か」市場参加者がその企業の魅力に気づいて殺到するようになるまで保有し続けるのがバリュー投資です。

もし、私がこのXOMへの投資を成功させるつもりだったのなら、超人気優良株である大手電子商取引、アマゾン・ドットコム（Amazon.com,Inc.／ＡＭＺＮ）のような株価が上がり続ける企業を傍目に、株価が下がり続けるＸＯＭを「いつの日か」報われることを夢見て血反吐を吐きながら「下がり続ける株価」を物ともせずに買い増し続ける必要がありました。

しかし、私は挫折してしまいました。「下がり続ける株価」を追い続けて買い付けするのは相当な苦痛だと、実体験してはじめて知ったのです。信じて大きな額を投資したにもかかわらず、１年以上も株価が上がらないことに耐えかねてしまい、最終的には**米国個別株投資をはじめた当初の銘柄はすべて売却してしまいました。**ＸＯＭ以外の投資でもほとんど利益を出せないのはおろか、損失を抱えたまま手放した銘柄も多数あります。

長期間において配当を再投資すれば報われる可能性があることは頭では理解していましたが、今を生きる私にとっては、３６５日でさえとても長い期間です。そんな期間をＡＭＺＮのように株価が上がり続ける他の銘柄よりも割安だと信じて投資し続けるのは、あまつさえＳ＆Ｐ５００にアンダーパフォームして焦っていた私には許されない気がしました。

事実、私の米国個別株での運用リターンは、**２０１７年３月に投資をはじめてから２０１９年６月までの間、含み損を抱え続ける結果となりました。**その間、Ｓ＆Ｐ５００は堅調に上昇し続けていたので、私が後に大きな利益を掴む現在の投資法にたどり着くまでには、もはや挽回できないような差をつけられていました。

たった一度のコロナショックという経済危機で大勝負に出ることで、「結果的に」Ｓ＆Ｐ５００を大幅にアウトパフォームできましたが、それは神経をすり減らすような投資方法でもあり、もし銘柄選択が間違っていればその差はさらに拡がったことでしょう。

これらのような私の経験から、改めて伝えます。資産を運用することでお金を増やしたい大多数の投資家にとって、個別株はリスクとリターンが釣り合いません。

株式投資には正解がありませんが、その代わりに今自分が信じて投じた資金は、将来必ず回収できるとは限りません。

米国が成長を続けるのは事実です。そのおかげで主要インデックスであるＳ＆Ｐ５００なども、過去の実績に基づけば超長期では必ずプラスリターンをもたらすでしょう。ただし、それは５００社ある企業群だからこその成長であって、そのうち１社は明日にも倒産するかもしれません。その1社は私のような個別株投資家が投資対象として選択してしまう1社かもしれません。

私はこの本を手に取ってくださった読者の皆さんの資産運用を手助けしたいです。

私自身が株式投資を通じて得られた知識は余すことなくお伝えします。

今後の章では私が実際に行っている現在の個別株投資方法も紹介します。

しかしながら、読者の皆さんと私ではリスク許容度も、求めるリターンも違うはずです。

だから私が万人に伝えられる最適解は、**「米国株式インデックス投資を長期間運用すること」**となります。

投資方針は「フルインベストメント」

32歳にして、準富裕層である金融資産5000万円以上にたどり着いたのはある一つ……いや、たった一つ他の人が容易に真似できない次の要点があります。

それは運用期間を通して、ほとんどが**「フルインベストメント」**であるということです。

フルインベストメントとは、資金のほぼすべてを有価証券などのリスク資産への投資に回し、現金などの余剰資金を持たないことを指します。つまり、私は約1億円を手に入れた今でも、未だ資産を一切守るつもりはなく、有価証券などのリスク資産へと虎の子の資金を投じ続けてきたということです。

口酸っぱく述べますが、景気には波があります。リスク資産を保有していることで金融資産が大きく上昇することもあれば、背負いきれないほどの損失を抱えてしまうこともあります。

例えば、私の7年の資産運用歴のなかで最も大きな暴落は2020年2〜3月に起きたコロナショックです。

この時、私の金融資産は一時60%近く急落するのですが、フルインベストメントで運用していた私は、**金額にして約2000万円の評価額が損失しました。**当時私の資産は3000万円を超えて推移していました。長年コツコツ積み重ねた倹約と運用を続けた成果として、資産運用益だけで1000万円を超えていて、わかりやすく「ノリにノッていた」時期でした。そんな時に手のひらを返したように相場のしっぺ返しにあい、せっかく積み上げた1000万円の含み益どころか、コツコツ重ねた倹約の成果である投資元本部分にまで大幅な評価損を抱えてしまったのです。

当然のように無力感はありましたし、こんなことなら高値で売却しておけば良かったと悔やんだこともありもしました。これは明らかにフルインベストメントのデメリットです。

もし、私が金融資産のうち15～30％ほどの適切なキャッシュポジションを保っていたのなら、大幅な評価損は避けられたはずです。それどころか安くなった株価で大量に買い付けするための投資元本にもなり得ました。

このようにフルインベストメントは基本的に避けた方がよい投資手法です。リスクを過剰にとってしまうと、私のようにいざ暴落に巻き込まれた際になす術がなく、あろうことか株価の大底で将来素晴らしいリターンをもたらすであろう資産を手放してしまいかねません。私の経験から読者の皆さんに伝えたいことは、「リスクの許容量」はご自身が考えているほど、高くはないのだということです。よって本来フルインベストメントは避けるべきです。

一方、私が大きな利益を摑んだのは明らかにフルインベストメントのメリットです。格好をつけた言い方をしますと、**私は7年の投資歴のなかでたったの一度も利益の取りこぼしがありません。**事実コロナショックでさえほんの数ヶ月後には強気相場と化し、根気強くフルインベストメントを続けた私は大きなリターンを手に入れました。「フルインベストメントかつストロングホールド」という戦略は暴落に巻き込まれても投資対象さえ間違っていなければ必ず報われます。これが私の資産運用において最大の特徴です。

先にも紹介したとおり、S&P500などの幅広く分散されたインデックスに投資をする場合、過去200年以上に渡って右肩上がりに成長し続けているのだから、フルインベストメントをするというのは合理的です。ただ、私がやっているのは倒産の可能性すらある、個別の企業へフルインベストメントをするというリスクの高い方法です。今日のインデックスを大幅にアウトパフォームしている私の投資手法は**自分自身の極めて高いリスク許容度**のおかげで成り立っています。

しかしながら、扶養すべき家族がいる場合や、各種借り入れ金があるような方が高いリスクをとるのは物理的に厳しいですし、そもそも汗水垂らして働いたお金の50%を失った上でも平常心を保つのは精神的にも困難です。

でもコロナショックの底ですら、「私には」それができました。なぜなら、手元に直近で使う予定のないお金が１０００万円以上もあるのだから、２０００万円資産が減ろうとも、いつか回復するまで待てばいいと心から思えるからです。このように、高いリスク許容度があるから大きな利益を出せるのです！

間違いなく人を選ぶ投資手法ではありますが、フルインベストメントなしには私のように短期で利益は出せないと思ってください。

かつて愛した不人気優良米国株

現在の私は、自分のリスク許容度をほぼ正確に把握しています。それは直近のコロナショックで金融資産が半減しながらも、日常生活に支障をきたさなかったという経験から得られました。

しかし、米国個別株投資をはじめたばかりの２０１７年時点では、自分自身がどの程度の株価急落に耐えられるのかを推し量りかねていました。そこで私は株価変動幅の小さい、低ボラティリティ銘柄に注目しました。低ボラティリティ戦略を採用する以上、短期間で財を成すことはできませんが、もし弱気相場入りしたとしても、S&P500のようなインデックスよりも資産下落幅を抑えられるかもしれないと考えました。

リーマンショック以降の米国株式市場の回復を牽引したのは、一部の超巨大ハイテク企業ですが、S&P500のような時価総額加重平均指数では、当然ながら時価総額が大きいほど、指数への影響度合いが高くなります。よって、一部の巨大ハイテク企業の成長率がもし鈍化した場合、あまりにも高いバリエーションが許容されなくなる可能性があり、そうしたハイテク企業の株価調整をきっかけに市場は暴落するかもしれません。それでも低ボラティリティ銘柄ならばハイテク株の調整にも巻き込まれにくいのではないかと予想したのです。

さて、肝心の低ボラティリティ銘柄ですが、次のような特徴があります。

安定した商売

低ボラティリティ銘柄は、四半期決算ごとに2桁の成長をしたりはしません。むしろ、

1桁中盤で安定推移しており、成長を目指すよりも、利益率の向上を狙う企業が主となります。

例えば、かつて投資していた飲料販売大手、コカ・コーラ（The Coca-Cola Company／KO）は低価格で、世界中で安定した味が保証された、誰もが知る「コカ・コーラ」を販売しています。すでに広く普及されているKOには短期的に成長する余地がそもそもありません。1日に一本コーラを飲んでいる人が、ある日を境に十本飲み出したりはしませんよね。そりゃ、暑い夏の日に今日は三本飲んだ！　なんてことはあるのかもしれませんが、その程度ならKOのような超巨大企業の売上にとっては誤差です。

つまりKOが成長するにはコーラを常飲するファンを増やす必要があるわけですが、先ほど申し上げたように、すでに幅広く世界中に普及しているKOにとって、そのファンを短期的に急拡大するのは物理的に不可能です。よってKOの株主はそもそも成長性をあまり求めません。そうはいってもゼロ成長を許容するわけではないのですよ？　例えるなら、AMZNの株主がAMZNに求める成長性とは違うということです。では、KOの株主が求めるのはどういったことかというと、事業が永続し、高い配当金を還元し続けることです。

私がKOに投資をしたのは2017年3月で、株価は42ドル台でした。途中44ドル台で買い増しを行いながらも、1年と少しの間の保有期間を経て2018年7月に43ドル台で売却することになります。私にとって当初の保有銘柄のなかでは、プラスリターンで手放した珍しい銘柄です。それでも期間中の運用利回りは5%と、S&P500に到底及ばない結果となりました。

●エネルギー

意外に思うかもしれませんが、エネルギーセクターは軟調な相場でも、あまり影響を受けません。むしろ、1990年以降の弱気相場でS&P500をアウトパフォームさえしてきました。ブルームバーグ他の調査によると、1990年以降2017年末までの間、市場のリターンがマイナスという環境下で、エネルギーセクターはS&P500を平均2・9%アウトパフォームしているとのことです。これは経済状況などのマクロではなく、原油価格というミクロに多大に影響を受けるというエネルギーセクターの特徴があるからです。

とはいえ、大きな課題となっている地球温暖化問題に端を発し、エネルギーセクターのなかでも石油企業はかつての高値を大幅に下回って取引されています。市場は石油ビジネスが環境にとって害悪であり、いずれはこの世から抹消されるかもしれないと考えているようです。しかしながら、私はこれを勝機と考えました。

石油といえばガソリンなどのイメージが強いですが、ストローやペットボトルなどのプラスチック類、ひいては石けんに至るまで幅広い用途があります。温暖化対策のために太陽光などの代替エネルギーが取って代わるとはいえ、とてもじゃないですが石油ビジネスそのものが消失するなんてことはイメージできませんでした。

「それならば、市場が見向きもしない今のうちに割安な株価で投資し、すぐには株価が上がらなくても、高い配当利回りに加え、弱気相場でも下落耐性があるという特性があるなら、いつか株価は見直されるはずだ！」

そう考えた私にとって、はじめての米国個別株投資先となったＸＯＭですが、買値を下回る株価で売却してしまう結果となりました。

しかし、なんとトータルリターンではプラスとなりました！　それは年４回もたらされる３％を超える配当金のおかげです。結果２％というわずかなトータルリターンではありましたが、**株式投資の魅力は値上がり益（キャピタルゲイン）だけではないのだ**ということを、再認識できた運用経験です。

高配当

長期に渡って配当利回りが高いということは、安定した経営基盤を持つ証となります。莫大な利益を稼ぎながらも、事業を行うための経費が抑えられるなどの理由により、安定した配当を株主に還元できます。そんな高配当企業のボラティリティが低い理由は「安定した商売」と重複してしまいますが、良くも悪くも成長には乏しいものの、収益が安定していることが理由です。

この観点から私が選んだのは世界最大のタバコメーカーであるアルトリア・グループ（Altria Group,Inc.／MO）です。タバコは古くから健康を害することをきっかけに数々の規制や訴訟の中心的存在でした。多くの投資家がMOには見向きもせず、タバコなんて評判の悪い商売をしている会社は、潰れるに決まっていると考えたわけです。

そのため、長期間に渡ってMOは割安で放置され続けたのですが、その間も高い配当を株主に還元し続けます。皆が見向きもしなかったMOを、信じて疑わなかった変わり者の投資家は、還元された高い配当を原資として安い株価でMOを買い増し続けます。結果は

10年経ち、20年経っても、ＭＯが倒産することはありませんでした。よって、変わり者の投資家は、平均年率19％という、これ以上ない莫大な利益を手に入れるのです！

これは米金融学者であるジェレミー・シーゲル博士が説いた有名な話なのですが、有名ゆえにＭＯは２０１７年5月当時、高値更新を続けていました。そんな折にＭＯに投資した私は、案の定、高値中の高値で投資を開始することになります。70ドルで投資をした私の資産は、あれよあれよという間に減少し、売却する２０１８年12月には47ドルにまで下がっていました。もちろん、その期間中には適宜売買を重ねているので、必ずしも大損したわけではありませんが、**配当込みのリターンでも8％安という残念な結果になってしまいました。**

以上のように、２０１７年から２０１９年までに私が採った低ボラティリティ戦略は、思惑どおりにことを運べませんでした。当時、一番多い時には１５００万ほどの虎の子の資産を基に、10社に均等額で投資していたので、**1社あたりの投資額は約150万円となります。**そんな大金を投じておきながら利益を出せなかったのですから、はじめからＳ＆Ｐ５００インデックスに投資しておけばと悔やんだものです。しかし、高配当であるおかげでいくらか株安の影響を緩和できたのも事実なので、どうしても投資手法そのものが間違っていたとは思えないのです。

私は現在、早くお金持ちになるために日々精進している最中ですが、いざお金持ちになった暁には高いボラティリティを避けるつもりです。すなわち、再び低ボラティリティ戦略をとることも想定しており、かつて愛した不人気優良株を未だにウォッチし続けています。

数十年後までこれらの企業は存続し、2019年に私が売却した時点の株価はバーゲンセールだった、なんてこともあるかもしれません。

米国株投資の大きな壁。2年間で600万円を超える損失

これまで述べたとおり、私が米国株投資へ移行した2017年から2019年までのおよそ2年間は、個別株投資による運用成績は芳しくありませんでした。

芳しくない……とすると控えめな表現になるかもしれません。なぜならこの2年間の運用損益は、それまでの数年間に資産運用で稼いでいたおよそ300万円という利益を帳消しにする以上の**600万円を超える損失を抱えてしまったからです。**

では、なぜそんな事態が起きてしまったのか。当時保有していた銘柄「10種」をまずは簡単に紹介します。

● **アルトリア・グループ（Altria Group,Inc.／MO）**

米国で事業展開するタバコ製品の製造・販売メーカー。世界的な健康意識への関心が高まったことによってタバコ銘柄は極めて不人気であるが、過去実績として絶大な株主総利回りを誇る。

● **エクソン・モービル（Exxon Mobil Corporation／XOM）**

総合エネルギー企業。近年は脱石油の流れから不人気となっている。石油セクターはインフレに強いという特徴がある。

● **ＩＢＭ（International Business Machines Corporation／ＩＢＭ）**

コンピュータ関連企業。利益の薄いハードウェア部門からソフトウェア部門への選択と集中を進行中。

● **ジョンソン・エンド・ジョンソン（Johnson & Johnson／ＪＮＪ）**

総合ヘルスケア企業。Ｓ＆Ｐが信用格付しているなかではたった2社しかないＡＡＡ評価。

● **マクドナルド（McDonald's Corporation／ＭＣＤ）**

ファストフードチェーン。フランチャイズによるロイヤリティ収入によって安定かつ高い利益率を誇る。

● **フィリップ・モリス・インターナショナル（Philip Morris International Inc.／ＰＭ）**

前述のＭＯからスピンオフし、米国外で事業展開する。ＭＯとは異なり世界１８０ヶ国で展開しているため販売数量や将来的な展望が上回る。

● **コカ・コーラ（The Coca-Cola Company／KO）**

清涼飲料水の製造販売。言わずと知れたバフェットの主力銘柄。

● **プロクター・アンド・ギャンブル（The Procter & Gamble Company／PG）**

一般消費財メーカー。生活必需品を多数取り扱いしているため景気後退局面に耐性を持つ。

● **ベライゾン・コミュニケーションズ（Verizon Communications Inc.／VZ）**

大手通信事業。インフラという必要不可欠な事業内容から景気後退局面に耐性を持つ。

● **ウェルズ・ファーゴ（Wells Fargo & Company／WFC）**

商業分野に強みを持つ銀行。かつてのバフェット主力銘柄だが、不祥事による長引く経営不信につき売却済。今後の組織改革に注目。

以上の10銘柄が米国株投資をはじめたばかりの時に厳選していた銘柄なのですが、これら「ディフェンシブ銘柄」への投資では思うようにリターンを得られず、翌２０１８年の初夏を迎えた頃には、これらの銘柄を売却し、成長銘柄への「選択と集中」を進めます。

そこで白羽の矢が立つのがiPhoneでおなじみのアップル（Apple Inc.／ＡＡＰＬ）です。２０２１年現在、ＡＡＰＬは「電子機器販売」から「ソフトウェア提供」に見事な転身を遂げつつあります。

その当時は、他の保有銘柄に比べてリターンが飛躍的に良かったことと、ハードウェア部門の売上集中状態から脱却しようとするＡＡＰＬはハイテクセクターのなかでは比較的割安感があったことも後押ししたわけですが、（２０２１年から振り返ると事実、割安でした。私の銘柄を見る目は間違っていなかったのです！）やはり自分自身がよく知っているサービスを提供しているからというのが一番の理由です。

もし軟調な相場になっても、自分が使っているサービスならわかるわけですよ、「株価と日々の商いはまったくの別物だな」って。どれだけ多くの投資家がＡＡＰＬ株を売却しようとも、私はiPhoneを使い続けるのですから、一歩引いて冷静に相場と向き合うことが実際にできました。

とはいえ、ＡＡＰＬは米中貿易摩擦に端を発し、２０１８年12月〜２０１９年1月の急落を経たあとの株価回復局面で売却しました。ＡＡＰＬよりも素晴らしい投資先があると判断した上での決断ですが、これは後の逆転のチャンスでもあることを、この時の私は知らないのです（タイムマシーンがあればいいのに！）。私が売却した２０１９年６月より２０２１年現在までＡＡＰＬは２００％以上株価が急騰しています。

これは自戒を込めてお伝えしたいのですが、私はこの成長を当初「読んで」いました。事実、当時の投資仲間との会話で

「ＡＡＰＬは事実上はソフトウェア企業なのに、小売り企業として評価されている」

「遅かれ早かれＰＥＲは25前後（一時はなんと12〜14で推移していたのです！）まで上昇するはず」

などと豪語しておりました。そういった自信から一時はポートフォリオのうち30％を占めるほど、超集中投資していました。そして迎えた同年末に、前述のとおり米中貿易摩擦を端に発生したアップルショックにより、ＡＡＰＬは一時の高値より30％を超える株価暴落を演じてしまうのです。この集中投資が裏目に出たこともあり、２０１８年12月にはこ

れまでの投資歴のなかで、最も多額の含み損を背負うことになってしまいます。

これが米国株投資において私が乗り越えなければならなかった最初の大きな壁でした。

よって、現在の手法にたどり着いてから利益が出はじめる2019年央までは米国株投資による運用成績はむしろ損失を抱えていたので、**事実上は倹約による積立によってコツコツと資産形成をしてきました。**

読者の皆さんも私と同じような体験をする時が訪れるかもしれませんが、その際には私のこの経験とそれを乗り越えた末に訪れる莫大な利益を思い出していただければと思います。


止まない雨はないのです。

一方でこの出来事のもう一つの教訓は、「未来は本当に読めない」ということと、「市場の声に耳を傾けてはいけない」ということです。自分が豪語していたことを最後まで信じ貫ければ良かったのに、私は多くの投資家同様、AAPLの将来に疑念を抱いてしまったのです。二度と同じ轍は踏まないと誓った私が、後に大きな利益をあげたコロナショックで、この経験が活きたのは言うまでもありません。

いざグロース投資へ。資産3000万円を実現したハイテク株

さて、２０１８年７月、うだつの上がらない投資成績に、いよいよしびれを切らした私は、保有株の売却をすすめます。その資金で新たに買い付けをはじめたのは、**低ボラティリティから対極にある高ボラティリティのグロース銘柄（成長株）でした。**

私のポートフォリオ（保有金融商品の組み合わせリスト）の評価額が下がり続けるなか、一部の高成長企業は留まることなく株価が上昇し続けていました。私が特に羨望の眼差しを向けたのはＡＭＺＮです。

ＡＭＺＮは当時ＰＥＲという「株価÷一株当たり利益（ＥＰＳ）」の指標が3桁ありました。一般的にＰＥＲは割高・割安を測るために用いられますが、3桁のＰＥＲはＳ＆Ｐ５００インデックスの平均ＰＥＲである20と比較すると、非常に割高だということになります。

多くの投資家がＡＭＺＮはまもなく暴落するだろうと予想していましたし、私自身もいつまでも高い成長を続けられるはずはないと勝手に決めつけていました。

ところが、結果は２０２１年現在も「強い」成長を続けており、私が投資をはじめた２０１７年当時の株価である約８５０ドルを大幅に上回っており、２０２１年現在は３０００ドルを超えて推移しています。仮に、最初に投資した銘柄がＸＯＭではなくＡＭＺＮであったのなら、２５０％を優に超えるリターンを手に入れたはずです。

ＡＭＺＮの株価は常にチェックしていたので、正直めちゃくちゃ悔しかったです。私のポートフォリオの評価額は下がり続ける一方なのに、割高とささやかれるＡＭＺＮの株価が上がり続けるのを見るのは「お前の判断は間違っている」と突きつけられているような気がしました。決算を迎えるたびに「落ちろ！　落ちろ！」と株安を願ったものです（笑）。

しかし、その願いはついぞ叶うことはありませんでした。私は真正面から結果に向き合うことにしました。

「私の投資手法が間違っているわけではないけれど、少なくとも直近2年では高ボラティリティである成長株の方が利益を出している。ならば、思い切って今からでも方針転換してみるか」

と藁にも縋る想いで当時の保有株を売却したのを覚えています。

それからというもの、**私は10種まで絞っていた個別株をさらに集中させます**。S&P500にはすでに大差をつけられていましたし、そもそも含み損すら抱えていましたから、それはそれは、血眼になって成長株を探しました。ほどなくして特定のセクターに執着するようになるのですが、そのセクターは他の業種と比較して明らかに割高でした。一方、ものすごく利益率が高いことにも気づき、これだけ高い利益率ならば株価が割高なのも頷けました。そう、**今をときめくハイテクセクターです**。

割高かもしれない。けれど、たとえ割高でも成長さえ続ければ市場参加者は買い支え続けるだろうと推察し、もう割高であることを必要以上に気にしない投資をすることを選択しました。

割高だとわかっていても成長している銘柄に投資をすると決めた私が、**最も惚れ込んだのはソフトウェアの巨人、マイクロソフト（Microsoft Corporation／MSFT）です**。言わずと知れたWindowsを提供している会社です。私の業務内容が事務であることもあり、Excelがなければ仕事になりません。きっと私だけでなく、世界中がもはやＭＳＦＴのサービスなしでは「日常」を送れないほど、ＭＳＦＴは私たちにとって身近な企業となっています。

そんなＭＳＦＴですが、とにかく経営が多角的かつ無駄がない！　Officeなどのサービスをサブスクリプションで提供し、さらにはデジタル経済の要であるクラウドインフラも成長途上です。私が投資をはじめた２０１８年8月の株価は１０８ドルと、まさに当時の最高値です。しかし、決算を跨ぐたびに売上や利益は成長し、それにともない株価は続伸しました。もう二度と私が仕込んだ１０８ドル台では投資できないと思います。

このように「その時に」最高値だとしても、企業の成長と共に高い株価は、いずれ肯定されます。数年先の成長まで織り込んでいるとしても、そのとおり……あるいは、予想以上に成長さえしてしまえば、あら不思議！　数年前の「割高な株価」は「最高に割安だった価格」に置き換わるのです！

私は実際に成長株に投資をして、利益をあげられたことで確信を得ました。

少なくとも、グロース投資の方が私の性に合っている！　と。

紆余曲折、試行錯誤の末に「自分なりの投資手法」を見つけた私は、この後、負け続けたS&P500に快進撃をかけます。その原動力となったMSFTは、コロナショックでやむを得ず手放すまで、**私に50%のリターン、額にして約240万円を懐に運んできてくれました！**　実に素晴らしい利益です！

こうして2018年7月の金融資産2000万円は、わずか1年半のうちに1000万円を積み重ね、2020年1月には念願の**アッパーマス層である3000万円を達成しました！**

この時リターンの大部分を占めたのはマイクロソフト（MSFT）、ビザ（Visa Inc.／V）、アルファベット（Alphabet Inc.／GOOG）、スプランク（Splunk Inc.／SPLK）の4銘柄です。翌年のコロナショックが原因で売却するまでに、各銘柄とも170万円以上のリターンがありました。この売却自体が高値からの急落による含み益の確保が目的だったので、売却前である2019年末の高値時点では、どの銘柄も200万円近くの含み益があったほどです。

このように年収400万円未満の私がわずか1年半で1000万円を獲得したということは、「年収に匹敵する以上の額」を「資産運用益」として労働収入とは別に得られたということになります。不労働所得バンザイ!!

分散投資をやめた理由。2020年2月、拠出額は3000万円超に

かつては「分散」投資の安全性に心酔していました。元々は全世界に「分散」していましたし、米国個別株にたどり着いてからも10社へ「分散」していました。その10社にしても、さまざまなセクターに「分散」しました。先ほど紹介したように、例えば、生活必需品やヘルスケア、エネルギーなどです。幅広く「分散」することで、特定の事由で、あるセクターに属する企業の株価が急落しても、その他のセクターには影響しないだろうと予想したのが理由でした。

ところが、少なくとも私の7年の投資歴では一つの異なる真実をあらわしています。

全世界に「分散」しても特定の国の経済ショックが世界中に波及しました。

いくつかのセクターに「分散」しても、政治問題をきっかけにすべてのセクターが、同

じように株価急落しました。

「分散」投資は、私のリターンを願うほどには保護してくれなかったのです。

しかしながら、もう一つの異なる真実も目にしました。

全世界が経済ショックに巻き込まれても、一足早く正常化した国がありました。

すべてのセクターが急落しても、他のセクターに先駆けて高値を目指したセクターがありました。

セクター全体が落ち込んでも、株価上昇を牽引する個別の企業がありました。

それらの事実に気づいた時、**私は「分散」をやめたのです。**

それでは、各内容を掘り下げます。

チャイナショック

2015年、中国における株式バブルが原因で起きた株価暴落は世界中に伝播しました。私は日本・先進国・新興国と各市場に均等分散していたおかげで下落幅は抑えられましたが、どの市場も結果的に連れ安となりました。

話が違うじゃん！　と思ったものです。想定どおりにならないのが資産運用の醍醐味でもあるのですがね！

そんなわけで、いち早く回復を遂げた米国へと、私は分散範囲を少し絞ります。

政治不安

投資対象を米国に絞ってからも、個別の企業へはセクター分散していました。しかし、2017年はたびたび相場が荒れました。当時の米大統領であるトランプ氏の言動一つで、株式市場はピンボールのように縦横無尽に動いたのです。

私が保有していた生活必需品セクターであるKOも、ヘルスケアセクターであるJNJも、エネルギーセクターであるXOMもぜ～んぶ同じように株価が急落したり、急騰したりしました。

話が違うじゃん！　と思ったものです。想定どおりにならないのが資産運用の醍醐味でもあるのですがね！

そのなかにあって、いち早く回復を遂げたハイテクセクターへと、私は分散範囲をもう少し絞ります。

米中貿易摩擦

投資対象をハイテクセクターに絞ってからも、６〜８社へと分散していました。しかし、２０１８年に巨大経済圏である米国と中国は対立し、互いに関税措置を講じ合いました。これにより、株価は大きく急落し、中国での売上が特に大きかったＡＡＰＬを中心に（アップルショック）ハイテクセクターは全般に暴落しました。

話が違うじゃん！　と思った……（以下略）。

以上のような投資経験を経た私の自論は、現在のようなインデックス投資が主流になった市場では、皆がリスク資産を解約して現金化する際には、どの銘柄も等しく売られるということです。個別株の集合体であるインデックス投資は、ほぼすべての「資産運用でお金を増やしたい個人投資家」にとっての最適解ですが、それゆえに個々の企業価値が正しく評価されにくいという歪みが生じるなどのデメリットも存在します。シーゲル博士はこれを「合成の誤謬《ごびゅう》」と名付けています。

アップルショックを経て、いよいよ「分散」投資への幻想を抱けなくなった私は、５銘柄未満への極めてリスクの高い（株価変動の激しい）投資へと舵を切ります。この結果として米中貿易摩擦が緩和された2020年1月以降に相場は急騰することになるのですが、その時点で集中投資していた私は瞬く間に資産が急上昇し、2月にコロナショックで暴落するまでに2019年末の金融資産約2900万円から、**たったの2ヶ月間で400万円以上の利益を獲得しました。**

31歳にして3000万円を超える運用資金を手にした私は、その後1銘柄あたりに600万円もの大金を投じるようになるのです。

このようにして、私は「集中」投資で資産の大部分……いや、ほぼすべてを築きました。

多くの投資家は言います。

卵は複数のカゴに盛りなさい、と。

それは正しいです。

けれど、私は人とは違う道を「茨の道かもしれない」と覚悟した上で歩んできました。

郵便はがき

おそれいりますが
切手を
お貼りください

102-8519

東京都千代田区麹町4−2−6
株式会社ポプラ社
一般書事業局　行

お名前	フリガナ	
ご住所	〒　　-	
E-mail	@	
電話番号		
ご記入日	西暦　　年　　月　　日	

上記の住所・メールアドレスにポプラ社からの案内の送付は必要ありません。□

※ご記入いただいた個人情報は、刊行物、イベントなどのご案内のほか、お客さまサービスの向上やマーケティングのために個人を特定しない統計情報の形で利用させていただきます。

※ポプラ社の個人情報の取扱いについては、ポプラ社ホームページ（www.poplar.co.jp）内プライバシーポリシーをご確認ください。

ご購入作品名

■この本をどこでお知りになりましたか？

□書店（書店名　　　　　　　　　　　　　　　）

□新聞広告　□ネット広告　□その他（　　　　　　　　　）

■年齢　　　歳

■性別　　　男・女

■ご職業

□学生（大・高・中・小・その他）　□会社員　□公務員

□教員　□会社経営　□自営業　□主婦

□その他（　　　　　　　　）

ご意見、ご感想などありましたらぜひお聞かせください。

ご感想を広告等、書籍のPRに使わせていただいてもよろしいですか？

□実名で可　□匿名で可　□不可

一般書共通

ご協力ありがとうございました。

コロナショックを乗り越え4000万円突破！5ヶ月で1000万円の利益

さて、いよいよ本格的にコロナショックについて回想する機会がやって参りました。私の投資歴のなかではもちろん、直近数10年で見ても、類を見ない経済ショックでした。米国においては、２０２０年明けからの米中貿易摩擦緩和によって、２月まで株価は続伸し続けていました。失業率は50年振りとなる、３％台にまで低下し、まさに景気拡大はこれから！　という時に訪れたのがコロナショックです。

特に印象的なのが２０２０年３月９日以降、頻繁に発動した「サーキットブレーカー」です。サーキットブレーカーとは急激な株価変動による取引の自動停止を指しますが、米国市場では導入されて以来、はじめて発動したのがこの３月９日でした。

「え!?　市場全体が取引できないなんてことあるの？」と驚愕したものです。それもそのはず、Ｓ＆Ｐ５００が７％もの急落をすることは想定していなかったので、そういう制度があること自体をはじめて知ったくらいです。

9日以降、数日間は連日のようにサーキットブレーカーが発動し続けました。当時、3000万円以上をリスク資産に投じていた私は、毎日毎日100万円以上の金融資産が消失していくのを見届けました。

ちなみに、S&P500という「株価指数」が7%もの急落をするとなれば、特定の個別株においては、さらに絶望的な「暴落」をしているものもあるわけです。私は「そういう銘柄」を買い集めていました。

例えば、**モバイル決済企業、スクエア（Square,Inc／SQ）は、私が惚れ込んでいる企業の一つですが、**もともと新興産業であり、従来の投資尺度であるPERなどでは測れない投資対象です。なので、割高か割安かといえば「割高かもしれない」企業だったので、コロナショックのような市場全体が急落する時には、倍のスピードで売られるわけです。

しかし、私自身が決済において現金を利用することは、もはやクレジットカード決済ができない場合に限定されていたので、電子決済の便利さは身をもって知っています。加えて、銀行口座を持てない層が今回の経済危機によって、より増加するのではないかと予想しました。そういう従来型の経済圏に頼れない人々の助けになるサービスを提供しているのもＳＱの特徴です。なので、私は自信を持って「今が買い時だ！」とＳＱへ投資しました。

ところが、そういう「暴落」している最中の企業は、自分の買値が大底だった、なんてことは滅多にありません。大抵は、一層「暴落」が継続するものです。

忘れもしない、3月16日の米国株式市場はＮＹダウ、Ｓ＆Ｐ500、ナスダック総合の主要3指数が、いずれも12％前後下落しました。私のポートフォリオにおいては20％もの株価急落を演じます。この日**失った額は400万円以上**。400万円といえば、年間約250日・8時間の労働をしても、私には手が届かない金額です。その時の絶望感たるや……。起床後の日課は前日の株価チェックなのですが、この日はさすがに目が飛び出るかと思いました。うん、飛び出ていてもおかしくはないほどの衝撃でした。二度と経験したくはありません。

とはいえ、私は一切の資産売却を行いませんでした。それどころか、キャッシュポジションが1％を下回るに至るまで新規投資に捻出したほどです。このような行動ができるのは、私の高いリスク許容度と「最後に勝っていればそれでいい」という、残存投資期間の長さに起因する楽観した価値観を持っているからだと思います。

当時のTwitterはまさに阿鼻叫喚。多くの投資家が売却を報告し合い、一部のアカウントは以降のツイートが途絶えることさえありました。しかし、私とこれら投資家の行動差が、後のリターンの差にも繋がることになるのです。

Ｓ＆Ｐ５００はその後、なんと１２６営業日でかつての高値に戻します。これまでの「最速弱気相場脱出記録」である３１０日からの倍以上早いスピードでの復活劇でした。コロナショックでは、一時30%ほど急落を演じたＳ＆Ｐ５００も、たったの半年後にはなに食わぬ顔で、以前の高値を更新し続ける勇猛果敢な姿を取り戻すのです。

コロナショックの最安値付近で仕込んだ私の保有株は、その後「暴騰」を繰り返します。Ｓ＆Ｐ５００がかつての高値を取り戻したのは同年8月でしたが、私のポートフォリオにおいては2ヶ月後の5月にはすでにかつての高値を更新したどころか、**なんと金融資産４０００万円を突破！**　年初から数えて5ヶ月で１０００万円を超える資産の急騰を見せるのです。

コロナショックの最安値で黄金の卵を売ってしまった人は、今頃どうしているのでしょうか……。

これらのように資産運用において大事なのは、どのような経済危機においても市場から逃げないことです。少なくとも、右肩上がりに成長し続ける投資対象であれば、それはただの買い場になるはずです。それがわかっていながらも、現金化に駆られるのなら、リスク許容度を見誤っていることが原因です。資産運用は直近必要にならない金額でのみ行うべきです。そして、投資対象は「なにがあっても売らない」と誓えるほど吟味してください。それは、遠い将来の読者の皆さんを助ける金を生む卵となるはずです。

ともあれ、暴落時に果敢にリスクをとった私は、その後すべてが報われるほどのプラチナを生む卵を手に入れます。それは年収以上の金額を失うほどのリスクを取ることが選択できた、投資家としての私の資質がものを言いました。2021年現在の私は、2020年3月のような決断ができた私に頭が上がりません。

「センスのある投資家」の三要素

米国株投資をはじめた最初の約2年（2017年3月～2019年6月）はハッキリ言って大失敗でした。もし、あの2年間を個別株ではなくインデックスで運用していればとタラレバを考えずにはいられません。リターンを求めてリスクを背負ったにもかかわらず、インデックスをアンダーパフォームしたというのは、私の投資家としてのセンスの欠如が露呈したということです。

あえて墓穴を掘りますが、私が当初所有していた銘柄のほとんどは売却後に高値をしっかり更新しています。よって、銘柄選択が悪かったのではなく、売買のタイミングが間違っていたというわけです。バリュー投資が間違っているのではなく、早くお金持ちになりたい私に合わなかっただけです。

さて、自虐したところで今度は一転、胸を張らせてください！　現在の投資手法にたどり着いてからの2年間は目を見張る成績となっています。Ｓ＆Ｐ５００に大敗していた当時の運用成績は面影を失い、今では同一期間にＳ＆Ｐ５００で得られたはずのリターンの3倍を超えるまでに至りました。これにはもちろん運の要素も多分に含まれていますが、Ｓ＆Ｐ５００に大敗していた2年間の反省と改善がしっかりできたことや、現在の投資手法が早くお金持ちになりたいという私の要望と合致したからだと考えています。

さて、輝かしい直近2年の成績を持つ私ですが（ここはあえてそう言わせてくださ い！）、それ以前の各種指標にアンダーパフォームしていた2年間でさえ、40歳代での億り人到達は可能だと思っていました。49歳までの間、年間２００万円を追加投資し続ければ、それだけで元本は５０００万円を超えます。さらに新卒で就職後すぐから資産運用を開始していれば投資歴は25年を超えているので、Ｓ＆Ｐ５００での運用ならリターンが2倍以上になるのは想定の範囲内です。万が一、Ｓ＆Ｐ５００の平均年率９％に届かないにしても、米国の超大手優良株でなら40歳代での億り人は規定路線に思えました。

「SNSでその過程を発信すれば、記録にも残るし面白いのでは」と考えた私は、Twitterにて億り人になるまでの軌跡を綴ることを計画、実行するわけですが、コロナショックからの回復を遂げていた2020年6月、当初の目標であった40歳代での億り人到達という期限を大幅に上方修正することになります。

なんと、10年も前倒しした30歳代での達成を目指すことを宣言したのです。該当のツイート時点で39歳までは10年弱も猶予がありましたし、コロナショックで株価が暴落したおかげで、10年前倒しも現実的な気がしました。ところが、実際には宣言後の1年も経過しないうちに、億り人を達成することになります！ **私は直近わずか2年で資産を3倍にすることに成功したのです。**

そんな私が考えるセンスのある投資家像を少し紹介したいと思います。まず個別株投資をする上で決算に目を通すことは必要不可欠です。決算を読み解いてファンダメンタルズを分析することで、はじめて株価の妥当性を計算できます。

他にも、株価チャートから過去のデータを照会し、未来も過去のチャートに重なるだろうことを想定したテクニカル分析などがあります。機関投資家などのプロは、最低限必ずどちらか一方を採用しているのですが、株式投資においては、プロが必ず成功するとは限りません。そう！　株式投資は素人でもプロに勝てるかもしれない稀有な戦場なのです。

例えば、私はプロ野球が好きなのですが憧れの元巨人・松井選手のようなホームランや、同上原選手のような鋭いフォークを私は投げることができません（私にとって憧れの選手は今でもずっとこの二人！）。一方、私の7年の資産運用成績は多くのプロよりも優れています。それは私が特別すごいというわけではなく、S&Pダウ・ジョーンズ・インデックスが発行している「SPIVA」によると、2020年は米国株式ファンドの78・3%がS&P500を上回ることができませんでした。このようにプロが運用しているにもかかわらず、500社の時価総額加重指数であるインデックスに勝つのが難しいのが株式投資の世界なのです。

よって、私はこう考えています。

決算書を読み解くのが上手な人は、ただファンダメンタルズ分析をしている人。
チャート他各種数値を見るのが上手な人は、ただテクニカル分析をしている人。
政治・経済を勘案して流行を追うのが上手な人は、ただマクロ環境分析をしている人。

これらは各分析能力が秀でているだけであって、センスのある投資ができているというわけではありません。

私が考えるセンスのある投資家とは、次を満たす投資家です。

・リスク許容度を正確に把握できる

・市場の動向に流されない

・弱気相場でも上手にメンタルコントロールができる

第4章

金融資産5000万円～1億円までの爆益メソッド

4ヶ月連続で資産が1000万円上昇

「株価」ではなく「利益」を意識する

ある企業への株式投資を検討する際、多くの方は「株価」を一番に見ると思います。過去のチャートを見て現在の株価が「割安・割高」なのか、あるいは競合他社の株価を見て「割安・割高」なのかを推し量ります。

株価はその企業が持つ力を可視化したようなものなので、最重要検討事項の一つであることは間違いありません。間違いありませんが、私自身は「あくまでも重要項目のうちの一つ」という認識で株価を捉えています。では、他にどういったことを大切にしているのかって？　まあまあ、そう焦らずに。少し昔話をしましょう。

「PER3桁のAMZN？　ムリムリ。そんなの近いうち暴落するに決まっている！」

「ん？　なになに？　WFCがPER10だって⁉　これは今が買い時で、すぐに暴騰するに違いない！」

かつての私はＰＥＲで割安度合いを確認していました。銀行大手、ＷＦＣ（ウェルズ・ファーゴ）は２０１７年当時、前年に発覚した不正営業問題をきっかけに、それまでに獲得していた不動の地位が揺らぎつつありました。ＷＦＣはなにを隠そう、「オマハの賢人」ウォーレン・バフェット氏が永久保有と豪語するほどの人気銘柄でした。

私がＷＦＣに投資をするに至った理由も、尊敬する投資家であるバフェット氏のお気に入り銘柄だったからというのが大きな理由の一つです。しかし、やはり一番のポイントは株価が相対的に割安であると判断したからです。

そもそも、銀行セクターはその他企業とＰＥＲを同一視できるものではありません。モノやサービスを提供して売上を伸ばす企業とは異なり、お金を預かり運用するという性質があるからです。なので、ＰＥＲが10前後だからといって、割安であると決めつけてはいけないのです。

もちろん、それくらいの知識は当時の私にもありました。ただ、２０１７年は利上げによる経済引き締めの金融政策が実施されていました。金利が上がるというのは、銀行セクターにとって株価を後押しする理由になるはずです。ＷＦＣは、今は安い株価だけど、利上げと共に見直されるに違いないと判断したのです。

ところが、一度失った信用はそう簡単には取り戻せませんでした。けれど、私の目論見の一部は、見事に的中しました。金利上昇をきっかけに、同業他社である業界最大手のＪＰモルガン・チェース（JPMorgan Chase & Co.／ＪＰＭ）は、私がＷＦＣに投資をしていた２０１７年７月からの１年間で10％を超える株価上昇がありました。しかし、同期間のＷＦＣは株価が上昇しなかったどころか、むしろわずかながらマイナス成長する結果となったのです。この出来事を教訓として、私はＷＦＣには見切りをつけると同時に、「株価」を最重要視した投資の危険性を学ぶことになるのです。

さて、同期間のＡＭＺＮの株価をここで紹介しておきましょう。２０１７年７月からの1年で、ＡＭＺＮはなんと80％もの急騰を演じています。ＰＥＲが3桁で、いつの日か株価は「適正価値」に収束するはずだと考えた私の判断は大間違いでした。いや、実は合っていたのかもしれません。未来から見ると、その時点のＡＭＺＮの「適正価値」はＰＥＲ３桁を肯定していたのです。見誤っていたのは「適正価値」の方だったのかもしれません。

私たち多くの投資家は、株式投資を検討する際、「株価」を最重要視します。それは人によってはテクニカル分析を使って測るかもしれませんし、ファンダメンタルズ分析を使って測るかもしれません。けれど、その時にはきっと見落としてしまうのです。**その企業の成長を。遠い将来の「利益」を。**

２０１７年当時のＡＭＺＮのイメージはあくまで「ｅコマース」企業でした。いわゆる小売というのは、仕入れによる原価が発生することで利益率が一般に低く、ＡＭＺＮがその高い株価を維持するには相当の企業努力が必要になるだろうと思っていました。

しかし、ＡＭＺＮはクラウドサービスであるAmazon Web Services（ＡＷＳ）という最強の収益柱をすでに保有していたのですが、私はそのＡＷＳの「適正価値」を大きく見誤りました。テクノロジーサービスには小売とは違い、仕入れという概念がありません。モノを仕入れて売るというＡＭＺＮのｅコマース業務とは異なり、ＡＷＳの非常に優秀なプログラマーが創り出す「サービス」はどこまでも複製が可能で、結果的にとてつもない利益率を叩き出します。よってＡＭＺＮは２０１７年以降に叩き出された、多額の利益を基に計算すると、当時の3桁のＰＥＲはまったく割高などではなかったのです。

話を戻します。「株価」は大切です。株価を見なければ、企業の価値を推し量ることができません。でも株価を基に「割安・割高」を判断するのは、少し待ってください。もし、機関投資家などのプロならば、遠い将来の利益などのあてがないものを頼りに運用はできません。それは顧客の大切な資金を預かって運用しているという立場と、不甲斐ない成績では解雇されるという「雇われ運用者」であることや、顧客の解約請求にともなう資産引き上げなど、さまざまな制約があります。だから、テクニカル分析やファンダメンタルズ分析、もしくはＡＩによる即時かつ大量の取引によって、遠い将来の利益などではなく、数ヶ月先の株価動向を読んで運用する最もな理由があります。

でも読者の皆さんは違うはずです。明日や明後日、もしくは1年後に株価が上がらないとしても、お金に困ることはないですよね？　だって、それは失ってもいい範囲の金額で運用しているはずじゃないですか！

私たち個人投資家は、誰にも運用を邪魔されないという最大最強のメリットがあります。このメリットを最大限に活かしましょう！

私たちは直近の「株価」に左右されず、遠い将来に得られるかもしれない「利益」に基

づく運用ができるという勝利の方程式があるのです！

もちろん、その時点でありもしない「利益」に賭けるなんて、一種のギャンブルみたいなものかもしれません。でもね、そもそも株式投資というのは企業が商いをする上で発生する事業リスクの分散が本来の主旨なのです。そのリスクを背負うから、莫大なリターンを享受する権利を保有しているのです。

決算書を読み解いても投資成績が良くなるとは限らない

株式投資には多種多様な方法があります。あげれば切りはありませんが、グロース投資、バリュー投資、高配当株投資、テーマ株投資、ＥＳＧ投資などなどです。

各々、ファンダメンタルズ分析やテクニカル分析などを駆使して投資するためのエビデンスを探すわけですが、ことファンダメンタルズ分析においては、企業決算を常に追う必要があります。

ちなみに、私はテーマ株を主として、ファンダメンタルズ分析を駆使した資産の運用を行っています。最終的にリターンさえあれば、採用するのはどんな手法でもいいとは思いますが、私は株価チャートのみを使ったテクニカル分析は苦手です。多分、一般的な「非投資家」が抱いている「投資家」像がこのパターンではないでしょうか？　パソコンの前で、複数のモニターにさまざまな株価チャートを並べて、頻繁に売買を繰り返す姿を「投資家」として認識しているような気がします。

確かに、機関投資家や一部の凄腕投資家のなかには、このパターンで財を成した方がいるのも事実です。だから、テクニカルが優れているだとか、いやいやファンダメンタルズの方が優れているだとかを言うつもりはまったくありません。どちらも、手法が違うだけであって立派な運用方法の一つです。

さて、私が読者の皆さんに資産運用の助けになるようお伝えできることは、私自身が実際に行ってきたことのみになります。自分自身が実践していないことをお伝えしても説得力がないし、そもそも私自身が逆に教えてほしいくらい！（笑）　よって、ここではファンダメンタルズ分析を中心にお話しします。

とある企業AとBがあります。そのどちらかに大切な資金を投じようとする時、まずなにを考えますか？　規模ですか？　業務内容ですか？　創業または設立時期ですか？　業績ですか？　はい。これらすべてがファンダメンタルズの入口になります。

売上高がどうだとか、ＥＰＳがどうだとか以前に、まず**「なにをしている企業か」「なにをしようとしている企業か」**を最低限理解できないのは、私が行うファンダメンタルズ分析においては論外です。ファンダメンタルズ分析を難しく定義付けると、「財務状況や業績を基にして、企業の本質的な価値を分析する方法」となります。ここで言う本質的な価値というのは一朝一夕で変わるものではありません。

例えばＡＡＰＬがある日を境にiPhoneではなく、リンゴを売ることになったりはしませんよね（いや、可能性としてはあるかもしれないけれど！）。よって、ＡＡＰＬに投資をするのなら、最低限「iPhone他、電子デバイスとそのサービスを提供している企業」で「ヘルスケアを含め、ライフスタイル全般を豊かにするため、テクノロジーの未来を創造しようとしている」などは知っておく必要があります。

人が恋をする時には一目惚れなんてこともありますが、生涯の伴侶に昇華する決断において、ルックスのみをエビデンスにするなんてことはありませんよね（いや、人によってはあるかもしれないけれど！）。病める時も健やかなる時も、共に生きていけるような「内面（＝ファンダメンタルズ）」を知っているからこそ、伴侶として選択するはずです。

資産運用においても必ず訪れる暴落局面において、なにをしているのかわからない企業に対して大切なお金を投じ続けられるはずがありません！　私自身の経験がそうであったように、「たとえ株価は暴落しても、私はiPhoneを使い続ける。きっと世界中のアップルファンも、株価がどうなろうと関係なくアップルのサービスを好んで利用するはずだ。だって、自分自身が利用していてこれだけ便利なのを知っている」と思えるからこそ、病める時（暴落局面）も共に生きて（投資し続けていられる）いけるのです。

さて、必要最低限「どんな企業なのか」を理解できれば、**いよいよ次のステージである「決算」です。もうこれは簡単です。**難しく考える必要はまったくありません。なので、簡潔にまとめます。

米国株には年4回の決算報告があります。それぞれＩＲ（Investor Relations）にて、経営状態や財務状況、業績の実績・今後の見通しなどを知ることができます。ＩＲは企業が持つホームページ上で容易に検索することができます。保有先企業のホームページをブックマークしておいて、四半期ごとの決算時にチェックするだけで十分です。決算報告書はもちろん英語です。ですが、心配は不要です。なぜなら、私自身が英検3級（中学卒業程度）保有レベルなのに決算書を読めているからです。極論、英語はできなくても大丈夫です！　テクノロジーの発達に感謝しましょう！　現在では翻訳サイト・アプリが容易かつ無料で利用できます。しかも、その精度が素晴らしいの一言。私のおすすめは「DeepL翻訳（https://www.deepl.com）」です。これで一通りの情報は読めます！

次に、内容ですが

・売上高
・EPS（一株当たり利益）
・ガイダンス

この3点さえ押さえておけば、基本的には問題ありません。なぜなら、その企業に投資をすると決めた時点で「なにをしている企業」か「なにをしようとしている企業」かは、もう知っていますよね！　同じくIRにて、プレスリリース（新商品の発売や新サービス、新規事業の開始などの情報）を定期的にチェックさえしていれば、決算自体は経営状態を前述3点の数字を把握するだけで十分です。

では各3点をどういった観点で見るべきかといえば、アナリストが試算している数字以上であれば、「概ね」問題ありません。難しく考えなくていいです。繰り返します、

売上高・EPS・ガイダンスがアナリスト評価以上であれば、経営は良好であると判断できます。

ね、簡単でしょ？　突き詰めれば、粗利だの、フリーキャッシュフローだのいろいろあります。でもね、私がそうであったように、機関投資家がそうであるように、決算書を正確に読み解いても、投資成績が良くなるとは限らないのです。

決算書を読み解くことで常に利益が出るのなら、プロである機関投資家などはS&P500などのインデックスには決して負けないはずですし、一部の優秀な企業には今よりも資金が集まり、その他の決算「落第」企業は完全に淘汰されることになるでしょう。

仮に決算結果のみが常に正しいというのならば、一部の超大手ハイテク企業は化け物です。その他、有象無象の企業には投資せずに一部の超大手ハイテク企業だけを選んでおけ

ば、常に運用成績は良いはずです。でも実際は違います。ほとんどのプロはあらゆる企業の集合体であるインデックスには勝てていないですし、世界には好決算を出せなかった企業もごまんとあります。そして、そういう企業の中から、後のAAPLやAMZNが生まれるのです。

最後に、少しだけ私自身の決算との向き合い方を紹介します。私はそもそもアナリスト評価を基準にしていません。かつては、私も前述のような主要3点がアナリスト評価以上であることを重視した運用をしていました。けれど、それでは私が求める「早くお金持ちになりたい」が叶わなかったのです。なので、私は売上高が猛烈な勢い……**少なくとも40%以上で成長しているのなら、EPSがアナリスト評価を下回っていても目をつむります。**

もちろん、要因は探ります。私の場合はカンファレンスコール（決算報告電話会議）にて、CEO（最高経営責任者）やCFO（最高財務責任者）が解説する、「利益が出せなかった理由」を聞きます。その理由が「成長」のために必要な経費だったのであれば、私は意に介しません。なぜなら、私が求めているのは「爆益」なのです。そのためにはたとえ直近の利益を犠牲にしたとしても、最終的に大きく成長して莫大な利益を生むのなら、現在のEPSなんてものはいくらでも代償にします。

もちろんアナリストが試算した数字に届かないというのは、少なくとも「該当の四半期においては経営が芳しくなかった」というのが事実です。そして、将来というのはあくまでも現在の延長線上にあるので、現在の芳しくない経営が続く可能性もあるということです。なので、一般的には私の運用方法は最適解などでは決してありません。けれど、将来の資産価値を高めるためには、安い株価で投資をする必要があり、株価が安くなるのはそういったミス決算時なのです。

「早くお金持ちになる」には、他の投資家が大挙して押し寄せる前に、すでにその株式を保有している必要があり、そのためには決算書の数字にはまだ出ていない情報を汲み取る必要があると私は考えます。だから私は将来起きるかもしれない「テーマ株」で資産運用をしています。

一例として、WEB会議サービス、ズーム・ビデオ・コミュニケーションズ（Zoom Video Communications,Inc.／ZM）をあげます。

2020年6月に私が投資した当時、ZMはすでに割高だと言われていました。加えて、それまでの決算も決して悪かったわけではなく、むしろＩＰＯ（新規上場）以来、好決算しか発表していなかった状況です。それでも私は、まだ決算にはあらわれていない数字があると考えました。

コロナショックにて、一部の国はロックダウンしました。人々は外出ができなくなりましたが、ＺＭなどが提供しているサービスのおかげで在宅勤務や家にいながらにして友好を深められるようになりました。一部の企業・個人で利用が広まれば、それは急激に拡大するはずだと私は考えました。いわゆるネットワーク効果です。よって、２００ドルで投資した私のＺＭはその後たった1回の決算を跨いだある日、**40％もの暴騰を演じることになります。** 1日の取引で40％のリターンですよ？　大好きな野球選手であるイチロー氏の言葉を借りれば、「ほぼイキかけました」ね。

利益確定ラインを決めない。含み益400%を実現させる投資哲学

投資の格言で「利食い千人力」というのがあります。これは、投資の利益は確定しない限り実際の利益にはならないので、欲張らずに早めの利益確定をするべきだという考えに基づいています。私はこれを正しい戦略の一つだと考えます。

私が行っているグロース株（成長株）への集中投資では、昨日まで勢いづいていたある企業の株価が、今日になって突如マイナス30%となることは頻繁に起こり得ます。なぜなら、成長株では遠い将来の利益を基に、その大きな期待が株価に含まれています。よって、もし将来の利益を減少させるような規制などが発表された場合には、その時点での高い株価を肯定できなくなります。言い換えれば、含み益は「絵に描いた餅」なのです。

一方、バリュー投資は現在の利益に基づいて株価が算出されています。将来の利益ではなく、現在すでに保有しているファンダメンタルズが根拠になっているため、成長株と比

較した場合、ボラティリティが低く、急いで利益確定する必要性は薄いです。よって、教科書どおりに言うならば「成長株投資をするのなら、小まめに利益確定をするべきだ」となります。

さて、本書はあくまでも「私の」金融資産1億円到達までの物語です。よって、一般論などではなく「私の」考えをお伝えしなくてはなりません。

そのために、ある取引を紹介する必要があります。2020年のコロナショックでは、多くの将来有望な銘柄が急落したのはお話ししましたね。そのなかで私が注目したのが、後に私のポートフォリオにとって最大の功績者となるサイバーセキュリティ企業、**クラウドストライク・ホールディングス（CrowdStrike Holdings,Inc.／CRWD）**です。

コロナショック時のCRWDは、IPO後の冴えない株価から、一段安となっていて、私にはとてもお買い得に見えました。なぜなら、これから訪れると私が予想しているよりテクノロジーを中心とした世界においては、「情報」こそが最大の武器となるはずだと考えているからです。

テクノロジーが発達したおかげで情報へと繋がるツールも多様化しています。しかしながら、多くの企業はまだまだ時代の変化についてきてはいません。情報の価値を正しく見積もれていないのです。しかし、一部の狡猾なハッカーたちはすでに気づいています。彼らは日々研鑽し、いかにして情報を手に入れるかを考えているのです。ならば、その貴重な情報を持つ企業にとっては、より一層サイバーセキュリティへの重要性が増すだろうと予測し、「自信を持って」投資しました。

ＩＰＯでＣＲＷＤはある意味正しく評価されたと思います。その後の株価は低迷していたとはいえ、売上高の20倍を軽く超えて値付けされていました。「利益」ではなく「売上高」の20倍ですよ？　これは投資家がＣＲＷＤの輝かしい未来を正しく認識していたからこその株価です。それでもコロナショックでは多くの企業と同様に急落し、私が最初に資金を投じた49ドルはＩＰＯ価格から20％安の水準でした。

ＣＲＷＤはその後「暴騰」します。**２０２０年３月に投じた資金は夏には１００％を超える含み益に達します。**格言に倣うなら、この時点で少なくとも半分を利益確定してしまえば、この投資で私は二度と損失を被ることはなくなります。１００％の含み益というのは単純に投資元本が2倍になる状態ですので、その含み益分を利益確定すれば、当初の元本全額を抜いた状態になり、あとは含み益分が勝手にお金を稼いでくれます。

でも私は利益確定を行いませんでした。その時点でＣＲＷＤは続伸する可能性もあったし、大幅に反落する可能性もありましたが、私は反落してもいいと考えたのです。繰り返しになりますが、私には高いリスク許容度と長い残存運用期間があります。たとえ暴落してもホールドしておけば、最終的には報われるはずだと思えたのです。その後株価がどう推移したのかというと、**冬に入る頃には２００％の含み益を突破します。**

タラレバですが、もし１００％に達した時に利益確定をしていれば、大きな機会損失でした。もちろん、暴落する可能性もあったので、このリターンは結果論でしかありません。しかしながら、この世のすべては結果論だと私は思います。上がる可能性に賭けた私が報われたというだけです。でもさすがに２００％もの含み益を獲得すれば、投資成績としては十分すぎる結果です。この時点で利益確定をして「絵に描いた餅」を食べられるようにしたっていいはずです。でも傲慢で欲張りな私は、それすらも行いませんでした。なぜならもっともっとお金持ちになりたいのだから！

翌年２０２１年２月の相場は多くの成長株にとって、これ以上にないほどの高値圏にいました。ご多分に漏れずＣＲＷＤも大幅に続騰し、**私の当初投じた資金は４倍にまで膨れ上がっていたのです。含み益にして３００％です。**この時点までで、ＣＲＷＤの運用期間はほんの1年すら満たしていません。

しかし、いつまでも有頂天ではいられません。「その時」は必ずやってきます。この絶好調な2月を境に、ワクチンが普及しはじめます。市場は経済が再開することを織り込みはじめ、長期金利は反転して急速に上昇します。成長株というのは、将来の利益が期待されていますが、この金利上昇は現在価値を高めることになり、現在価値が割安な資産への資金移動が発生します。

よって、CRWDは急激に株価を落とし、**高値から20%ほどが一瞬にして吹き飛びました。**一瞬というのはさすがに比喩ですが、落ちる時は真っ逆さまに落ちるのが成長株です。私は含み益をまさに「絵に描いた餅」にしてしまったのです。

なんともショッキングな値動きにはなりましたが、私はそんなことを意に介さずホールドを続けます。しかし、ホールドを続けるということはそんなに簡単ではありません。なぜなら、落ちる株価はどこまで落ちるのかがわからないからです。従って、早いうちに利益確定するのも悪くない一手でした。しかしながら、私が選んだCRWDは金利が上がったくらいで世の中から必要とされなくなるとは、到底思いませんでした。本当に「自信があった」のです。

さて、いかに私が教科書どおりの運用をしていないかが伝わりましたでしょうか？

最後にこの原稿を書いている２０２１年10月現在のＣＲＷＤを紹介します。２０２１年２月の急落以降、大規模なハッキングが立て続けに発生しました。そのたびに暗号資産での多額の賠償金や、インフラ停止などの重大事案がありました。いよいよ、国をあげてサイバーセキュリティに本腰を入れるべしと動き出したのをきっかけに、ＣＲＷＤは一時の安値から急反発し、**今ではなんと含み益が４００％を超え、当初の資産は５倍にまで拡大しています。**

もし私がどこかで現状に満足し、利益を確定していたのなら、ここまで資産を増やすことはできませんでした。

それでもいつかはこの「絵に描いた餅」を食べる時がくるでしょう。けれど、傲慢で欲張りな私には、まだまだ先になりそうです。

フルインベストメント＋集中投資の破壊力

私に大きな富をもたらしたCRWDへの投資ですが、おそらく読者の皆さんの想像以上に、インパクトのあるリターンを得ています。**CRWDに対する私の投資拠出額はおよそ600万円ほどです。これはCRWDへの投資を決めた2020年3月当時の金融資産の25％に相当します。**

すなわち、全運用資産のうち4分の1をたったの1銘柄に集中していたということです。よって私のように、フルインベストメントかつ集中投資を選好している投資家にとっては、保有株のリターンがそのまま金融資産の増減に直結します。これは投資元本が3000万円を超える水準になると、取り返しのつかない事態を引き起こしかねないというネガティブな要素もあります。

例えば、3000万円をフルインベストメントで株式投資をしていた場合に、マイナス

40％を超えるような暴落をしてしまえば、資産は1800万円にまで急落します。前述の年収中央値にあてはめると、1200万円という額はおよそ労働収入の3年分。若年層にとってはまだ許容できるものの、決して見過ごせる額じゃありません。

一方、プラス40％となるといかがでしょうか。3000万円の40％高は4200万円の資産を得ることになります。ほとんどの日本在住者にとってたった1年のうちに1200万円の資産増額は達成困難なはずです。

このように、損失と利益は概ね等しく存在し得るわけですが、損失を無視して利益だけに注目をするのは、ほぼすべての投資家にとって簡単にできることではありません。損失を抑えるためにはフルインベストメントはご法度ですが、より強い利益を生み出すためには高い元本を捻出すべきであるという、いわば二者択一の複雑な関係が成り立ちます。

さて、繰り返しになりますが私のCRWDへの投資額は当時の25％を占める額です。当然少なくない額です。よって株価変動の荒波を超えた現在、**CRWDの含み益は2500万円を超えています。**2500万円……年収6年分以上を1年と少しの期間で私は稼いだわけですが、これはもう明らかに「フルインベストメント」かつ「集中投資」をしていたからに他なりません。

確証はありませんが、20を超える銘柄に分散投資をするのであれば、100％の含み益、すなわち対象銘柄への投資元本を倍にすること自体は、実はそんなに難しいことではありません。でも、私のように5銘柄未満に絞った上で100％以上の利益を得るのはとても難しいです。だからこそ、相応の利益があるのです。

もう一つ銘柄を紹介しましょう。**デジタルサービス企業、シー（Sea Limited／SE）**はコロナショックの底から脱し、多くの企業株価が最高値圏にあった、2020年10月に投資をはじめた銘柄です。

SEの主たる経営の一角であるゲームやeコマース事業は、コロナ禍を脱すると共に、成長速度が落ちるのではないかとささやかれていました。そうでなくとも、SEは私が資金を投じる1年前から500％もの株価成長を達成していたほど、すでに高く評価されていた企業です。

私が投資した額は高値摑みとなり、その後反落してもまったく不思議はありませんでした。けれど、SEが事業展開している東南アジアは世界でも屈指の人口増加率を誇っており、また人口動態から見ても潜在的な市場規模を考慮するとＳＥは未だ成長の途上であると判断しました。

少なくともこの決断は私の小さな勝利となります。２０２１年10月現在、ＳＥに投じた資金は当初比で２倍に膨れ上がりました。含み益は１００％を超え、連日のようにまだ高値を目指す様相を私に見せています。

私が最高値圏であるＳＥに投じた額はおよそ９５０万円。よって、**2021年10月現在SEのリターンは1000万円ほどになります。**９５０万円という投資元本はＣＲＷＤよりも多く、それほどに私が信じた取引だったのです。

その強い想いは報われ、ＣＲＷＤ同様に１年を待たずして１００％のリターンを得ることができました。もし私が、当初ＳＥに投資するにあたって、すでに割高だからという理由で「まずは資産の一部で」と少額を投じていれば、１年未満にして１０００万円という大金は摑めなかったはずです。ＳＥの成長性を見込んで、数多ある銘柄を切り捨て、「資産を集中する」という判断を下したからこそ、１０００万円という大金を短期で獲得できたのです。

このように「フルインベストメント」かつ「集中投資」は、銘柄選択が正しかった場合にのみ、多大なリターンをもたらします。

ここまで読み進めてくださった読者の皆さんにはおわかりになるとおり、こんな綱渡りな選択をしなくてもS&P500で運用していれば年率9%という、普通預金の何倍ですか⁉　というような利益を手にする可能性が高いです。

でも、私のように「早くお金持ちになりたい」一部の方々にお伝えしたいのは、もう「一般論」なんてものを信じるのはやめましょうよ、ということです。

「フルインベストメントは破滅的だ」「集中投資は失敗のもと」これらの言葉は聞き飽きました。

少なくとも、「私」は「フルインベストメント」で「集中投資」をすることで資産を増やしました。

「分散投資」や「高配当株投資」ではほとんど利益を出せませんでした。

何度も言いますが、私の投資手法が正しいとは思いません。でも、本書が私の投資物語を示すものであるのならば、一般論からはほど遠いところで成功したという真実だけは伝えなければなりません。

己を貫き通す覚悟を持つ。脱コロナ禍における一つの仮説

株式投資には正解がありません。機関投資家などのプロが行うような運用方法も一つの正解ですし、書籍やより身近な存在であるブロガーなどが推奨している運用方法も一つの正解です。もちろん、読者の皆さんが現在採用している運用方法も一つの正解ですし、私の運用方法もまた正解です。

この「たった一つの正解」がない勝負の世界において、自らが決断し、多額の資金を投じるという行為には常に不安がつきまといます。だからこそ、実績や肩書きのある投資家を真似しよう、参考にしようと考える方はたくさんいらっしゃると思います。

けれど、正解がない以上、例えば世界最強と謳われるような運用成績を叩き出している投資家でさえ、時には間違うこともあるのです。ましてや、兼業投資家である私を含めた多くの身近な投資家の意見なんて、有象無象の類だと私は思っています。そこには雇われ

て仕事をしているアナリストの意見でさえも含まれます。

結局のところ、「未来を見ることができる水晶玉」なんてものは存在しないのです。天気予報があくまで予報の域を出ないように、多くの個人投資家や機関投資家、またはアナリストや企業のＣＥＯなどが予想する未来図も、悲しいかな、やはり予想でしかないのです。

ならば、自分なりに仮説を立てて、それを信じて貫き通す意志こそが、株式投資の荒波を生き残る秘訣なのだと強く思います。

だからといって、資産運用の基礎となる部分を学ばなくていいなんてことはまったく思いません。野球がうまくなりたい人が走り込みや素振りを欠かさないように、資産運用がうまくなりたい人は少なくとも、私がこれまでに紹介してきたような「投資のイロハ」は必ず知っておかなければならないでしょう。「知っている」と「知らない」はまったく違います。

でもここまで読み進めてくださった読者の皆さんは資産運用の力も、米国株の魅力も、米国株投資の偉大な実績も、今後築けるだろう莫大な資産のビジョンも「知って」います。

あとは、自分なりにアレンジを加え、「オリジナル」を生み出しましょう！

その「オリジナル」こそ、最後まで己を貫き通す糧となるはずです！

運用成績はその切り取る時間軸によって、見え方が大きく異なります。ある期間はとても強い株価成長があるかもしれません。また、ある期間はフリーフォールのような株価暴落があるかもしれません。けれど、運用成績は「終わりよければすべてよし」なんです。たとえ数年間成長していなくても、株式資産を売却して、現金に交換するその瞬間に利益が出ていればそれでいいのです。

だから、私のように「自信を持って」投資した銘柄は、誰がなんと言おうと信じてあげてください。それはいつか、その株を手放した多くの投資家を見返す結果になるかもしれません。

さて、それでは参考までに私自身が立てている一つの仮説を紹介しましょう。私の保有銘柄はコロナショックを経て、大きな成長を果たしました。逆に言えば、コロナ禍から抜けられたのなら、その成長速度が落ちるのではないかとささやかれています。確かにそうかもしれません。一理あると思います。けれど、私が株式資産を現金に換えるのは数十年先です。

たとえコロナ禍後に私が保有しているような銘柄が「成長速度が落ちている」という理由で売られたとしても、残りの運用期間をトータルで考えた場合、それでも大きな成長を叶えられるのではないかと考えています。だから、私は脱コロナ禍における成長鈍化や、緩和的な金融政策の引き締めなどがきっかけとなり、直近では「売られるかもしれない」と覚悟しています。もし売られたのなら、やはり私は安くなった株価で買い増すでしょう。


なぜなら、家にいながら仕事ができる快適さを私たちは知ってしまったのです。企業側にとっても、それで生産性が向上したことや社外で情報を扱う際のセキュリティを高める必要性にも気づきました。また、長い待ち時間がなくとも医師に相談できることを知ってしまったし、ベッドに寝転びながら買い物ができることも、世界中の同志たちと一緒にゲームをプレイできる楽しさも知ってしまいました。私は、これらが逆行するとは思いません。

かつて、人類は何度も何度も苦難に見舞われ、そのたびに新しい風を採り入れることで、より豊かに、より安全な現在を迎えています。「今回はそうはならない、コロナ前の生活に戻るはずだ」なんてことは私には思えません。「今回も」人類は新しい風を採り入れるでしょう。

だから、私は賭けています。コロナ禍に起きた旋風が定着することに。一部のアナリストや投資家はかつての生活に戻るだろうと言っていることも、コロナ禍で躍進した銘柄が割高だと評価していることも、私は知っています。

けれど、私は自身の考えを貫きます。この強い意志こそが、投資家としての私の強さです。

2020年7月、5000万円突破で準富裕層入り！

２０２０年５月末に４０００万円を突破した金融資産ですが、**なんと同年7月はじめには5000万円にまで膨れ上がったのです！**

繰り返しになりますが、前述の「ＮＲＩ富裕層アンケート調査」によると、〝純金融資産保有額5000万円以上1億円未満〟を「準富裕層」と分類付けしています（63ページ図1参照）。この分類は全体中の上位約8％に入る計算になります。

また、総務省による2021年8月1日現在の人口推計によると、私が属する34歳以下の層は、全体のうち下位約31％を占めます。一般的に、金融資産額は年齢に比例します。よって、手前みそではありますが、32歳時点の私の金融資産は本来であれば下位31％に属していても不思議ではありませんが、実際には上位8％入りを果たした、優秀な資産家（金融資産1億円以上を定義とします）の卵だったと言えます。

では、3000万円以上のアッパーマス層から準富裕層に至るまでの間に、特段の工夫があったのかと言えば、……実はまったくありません。だって、3000万円から5000万円までの期間はわずか6ヶ月間しかないのですよ？　ましてや、4000万円から5000万円に至っては約1ヶ月です。それだけの期間では、工夫しようにも限度があるってものです。

これらはすべて、株式投資による莫大なリターンのおかげです（保有銘柄については後述します）。その間、今まで以上に仙人のような倹約をしたりだとか、臨時賞与があったりだとか、会ったこともない親族からの遺産が振り込まれたりなどではありません。

加えるならば、株式取引においても大きな動きがあったわけでもありません。強いて言えば、より成長が早そうな企業へ乗り換えした程度のことです。

では、なにが私の金融資産を猛烈に押し上げたのかというと、コロナショック中に逃げずに仕込んだ銘柄の爆騰のみです。本当にそれだけなのです。

よく質問を受ける内容として、「どうやったら、それだけ早く利益を稼げるのか」があります。いつもは「運が良かったんですよ」と濁して返答するのですが、実際は多くの投資家が先が見えず、不安になって大安売り・バーゲン価格で手放した株を、私はニヤケ面で**喜々として買い集めているからなのです。**本当にそれだけなのです。

私は、頻繁に取引を繰り返すトレーダーのような投資家ではありません。例えば、バラ色の明るい未来を夢見て、「世界はこういう風になればいいな」って思うことは誰にでもあるはずです。私は自分が思うバラ色の未来を実現してくれそうな企業を見つけて、あとはひたすら株価変動に耐えているだけの投資家なのです。それだけでいいのかって思いましたよね？　それだけでいいのです！

参考までに、私が現在考える「バラ色の明るい未来」を一部紹介します。

私は出不精です。それは、もう、ほんとに、どうしようもなく（笑）。

だから家にいながら、いろんなことができればいいなあと常日頃から夢想するわけです。

例えば、買い物。広い建物内で欲しい商品を探し回るのは面倒です。

例えば、仕事。家でできるなら家ですればいいんじゃない？　通勤が面倒です。

例えば、診察。症状によっては問診だけで済むのでは？　長い待ち時間が面ど……（以下略）。

なので、私は「遠隔」または「仮想」……言い換えるなら**物理的空間からの脱出を成し遂げようとする企業**を応援しています。

金融資産5000万円保有していても、やっぱり倹約は大事

金融資産が5000万円を超えて以降、資産運用の荒波はより激しくなります。**プラスマイナス1％の株価変動で50万円ものお金が動くからです。**

私にとって50万円といえば、年2回しかない貴重な賞与の、1回あたりの金額を上回ります。また、前述の単身世帯における金融資産保有額における中央値にもあたります。要するに、大金です。

例えば、私の大きな趣味であるお酒に対する支出は、1ヶ月あたり約1万円です。となれば、50万円ならおよそ4年分のお酒代に匹敵することになります。う〜ん、やはり喉から手が出るほど欲しい額のお金ですね！

さて、私のようにリスク資産をフルインベストメントで運用しているような投資家にとって、1％の金融資産額の変動は日常です。すなわち、喉から手が出るほど欲しい金額である50万円を、毎日獲得したり、失ったりするようになります。正直、世間一般的な金銭感覚（前述の金融資産中央値該当者）の非投資家にとっては恐ろしい値動きだと思います。なんてったって朝、目が覚めたら4年分のお酒代が増えたり減ったりしているのですから（くどい！）。

そうなってくると、やはり金銭感覚は少し変わってきます。例えば、私は働く意味を考えるようになりました。

1日8時間を20日間働いて、やっと得られる労働収入は月25万円程度。一方、5000

万円のリスク資産を運用していることで得られる不労所得は、月間およそ40万円にもなります（5000万円をS＆P500で運用して得られる9％の年率で試算）。

そう、毎日50万円の資産変動を経ながらも、年間では平均9％のリターンを得られるのです。税金を考慮しない場合、不労所得は450万円にも到達し、私の労働収入を超えます。正直、もともと生活費を抑えても不自由なく生きていける私であれば、金融資産を5000万円も保有するなら「もはやお金のために労働収入を得る必要ないんじゃね？」などの妄想に支配されます。

「じゃあ、倹約する必要はなくなったの？」と問われれば、確かに倹約することで捻出できる金額の価値は相対的に低下しました。50万円が増えたり減ったりする状況下において、倹約で捻出できる額のお金なんて、もはや意味をなさないのでは？　と思うことも、そりゃ少しはあります。けれど、「じゃあ、倹約しなくなったの？」と問われれば……答えは「NO!!!!」です。

そんなことで惑わされないのが、私という人間なのです。

こんな出来事がありました。私がメインとして利用しているネット銀行口座では、「利用実績によって月○回までの」振込手数料が無料です。昨今はクレジットカードによる支払対応をしていることが多く、銀行振込をするなんてことは、ものすごく稀なことでした。

しかしある月のこと、「すごく稀なこと」が立て続けに起きたのです。ゼロリスクを無視できるような私にとって、「すごく稀なこと」を考慮しているはずもなく、あろうことか振込手数料の無料上限回数を超えてしまい、157円もの「大金」を振込手数料として払うことになってしまったのです。

こんなことは気をつけていれば防げたはずなのです。にもかかわらず私は注意することを怠ったのですよ。もう悔しくて悔しくて……それはもう、その晩はなかなか寝つけなかったほどです。

だって、この157円は本来必要なかった出費なのです。例えば、自販機で飲み物を買えばスーパーで同じ飲み物を買うより割高です。けれど、「飲みたい時に」「飲み物」が手に入ります。この時の160円は必要な出費なのです。けれど、振込手数料157円は超無駄な出費です。なぜなら、この時の振込はよりにもよって同居家族宛ての生活費の振込だったのですから。**この超無駄な157円は私にとって「大金」です。**

このエピソードが示すように、私は未だにドケ……間違えました。倹約家です。金融資産が5000万円を超えても、無駄な出費なんて1円たりともしたくはないのです！　嫌なものは嫌だ！

最後に私が大好きな「倹約」にまつわる話を紹介します。

米ドラマ『SUITS』にて、登場人物の三人はそれぞれ共同経営者A～Cです。場面は経営危機を乗り越えるために、各々身銭を切る必要があるかもしれないことから、金融資産を教え合おうというところです（※会話の内容は一部、私のイメージです）。

A「ごめんやけど、いざという時には出資を頼むかも」

B「仕方ないな」

C「うん」

A「というわけで、一応保有している資産額を聞いておきたいのだけど」

B「いいぜ！　どうせなら見せ合いっこして勝負しよう」

C「えっ、嫌なんやけど……」

A＆B「必要なことだからお願い」

C「わかった。まとめるから少し待って」

Cは一時退席

A＆B「きっと私たちと比べて資産額が少ないから恥ずかしがっているのだろうね」

C「お待たせ」

三人は一斉に金融資産額を開示し合うことになりますが、蓋を開けてみれば、なんと躊躇したCが二人に大差をつけて金融資産を保有していたのです。

A＆B「王様かよ」

C「倹約が趣味なんだ」

社内の序列でいえば、Cは3番手。収入は他二人には到底敵いません。けれども、Cは倹約家かつ資産運用をしていたことで、AやBよりも多額の資産を保有していました。あくまで私の想像ですが、ドラマを見ている限り、AやBは10億円以上保有しているように見受けられます。その二人にして、「王様」と言わしめたCの資産額はいかほどだったのでしょうか。

倹約と運用の可能性を感じたシーンです！

準富裕層入りすることで超富裕層（金融資産5億円以上）が見えてくる

2020年7月、私は準富裕層入りを果たしました。アッパーマス層に該当する期間はわずか6ヶ月。読んで字のごとく「あっという間」の出来事でした。なにしろ、2月中旬以降はコロナショックによる大暴落を経験し、かつての金融資産3000万円を再び手にするには、2年以上の時を要するだろうと覚悟していましたから。

蓋を開けてみれば、たったの半年にも満たない期間で暴落前の最高値を更新するのですから、我ながら「神がかっている」と思いました。またしても手前みそではありますが、コロナショック期間中に私が行った取引は、本当にそれはもう見事な成果をあげました。でもそれは当然の結果です。「ほぼすべての投資家」ができなかったことをやってのけたのですから！

株式市場が弱気相場入りし、株価が暴落するということは、それだけ大多数の投資家が保有資産を投げ売っているということです。「少しでも早く現金に交換しておかなければ、資産価値がなくなるかもしれない」と我先に、ただでさえ安くなった株価で手放しているのです。

そんな暴風雨吹き乱れるなか、私が喜々として資金を投じたのはバイオテクノロジー企業、**リヴォンゴ・ヘルス（Livongo Health Inc／LVGO ※当時）**です。

ＬＶＧＯは高血圧や糖尿病などの慢性疾患を日常的にデータ管理・分析することで、健康的な生活スタイルの維持を目指すデジタルヘルスプラットフォームの開発・提供を行っています。ガジェットを通して、医療従事者からのアドバイスや個別化されたデジタルガイダンスへのアクセスが常時可能となり、生活習慣病へのアプローチとして最適な手段を社会にもたらしています。

コロナウイルス罹患者のうち、重症患者においては慢性疾患を抱えている患者の割合が多いというデータがあります。そのため、ＬＶＧＯはコロナショックをきっかけに急激に成長している企業の一つでした。有名な慢性疾患のなかに糖尿病がありますが、米国では３５００万人程度の患者が存在すると言われています。さらに糖尿病予備軍も８５００万人程度存在する可能性があり、LVGOの潜在的な顧客はかなり多いと考えました。

LVGOに心酔した私は、**およそ1000万円を投じることになるのですが、この投資額は7年という投資歴のなかで最多金額です。**つまり、私は米国株式市場に上場している数多ある銘柄のうち、LVGOこそが私の大切な資金を預けるに最も相応しい企業だと判断したのです。この判断が、私の金融資産を準富裕層である5000万円へと昇華させることになります。

私がLVGOに最初に資金を投じたのは2020年4月で、買値は40ドル台でした。コロナショックによる株価低迷から相場全体の回復に加え、LVGOそのものの好決算連発により、私が金融資産5000万円を達成した2020年7月月初には、70ドルを超えて株価が推移していたのですが、あれよあれよと株価は上昇を続けて、同月最終営業日には120ドルを上回っていました。つまり、運用期間3ヶ月で含み益が150%以上に到達したのです。繰り返しになりますがLVGOは当時の私が最も資金を投じていた銘柄です。よって、**私はLVGOの株価上昇分だけで1500万円を超える含み益を手にしたのです！**

当時、他の保有銘柄で後に私に莫大な富をもたらしたCRWDや、コロナ禍において動詞にもなったZMなどへも投資していたため「それなりにリターンがある」状態であったことは間違いありません。けれど、LVGOの極めて強い株価上昇なしでは32歳にして金融資産5000万円を叶えることはできませんでした。

その瞬間に最も株価が成長する企業が「そうなる前」に先回って大量に保有をしておき、そうやって蒔いた種が花咲く時が訪れたのなら、決して早期には摘み取らず、後生大事にすることでリターンを伸ばしているのです。これが「爆速で爆益を稼いだ」カラクリです。

以上のように「たった一度」「たった1銘柄」への「思い切ったリスクをとる」投資によって、アッパーマス層を音速ジェット機のごとくスピードで飛び越え、準富裕層入りを果たすのです。

金融資産が5000万円を超えると、もうお金に困ることはそれほど多くはないでしょう。フルインベストメントが前提ですが、5000万円を10％の利回りで運用した場合の500万円の推定年間リターンは、もはや不労所得としては十分すぎる額です。仮に税引き後の労働収入から年間200万円を捻出できるなら、年間700万円ほどの金融資産が新たに加わることになります。翌年は5700万円の運用資金からスタートし、570万円の推定年間リターンがあり、同じく200万円の追加投資ができるなら、**770万円の金融資産が新たに加わります。1年で新たに増えるこの70万円分が「複利」です。**準富裕層入りを30歳代で果たせれば、1億円という金融資産は目前。もはや既定路線といっても過言じゃありません。

若い頃は積極的に（本業に活かせるような）自己投資を行うべきだと。

若い頃の時間は貴重だから（経験を積むために）遊ぶべきだと。

人は言います。

どちらも正しいと思います。うんうん、そのとおりですね。でも30歳代での金融資産5000万円の力は絶大です。そして、この30歳代での準富裕層入りは、上記のような意見に流されず、極めて強い意志がなければ達成困難なのは言うまでもありません。

当然ですが準富裕層は富裕層（金融資産1億円以上5億円未満）の卵であり、富裕層は超富裕層（金融資産5億円以上）に繋がっています。ここだけの話ですが、私は超富裕層入りも狙っています。というか、ほぼ手中に収めたとすら考えています。私は年間およそ1000万円の新たな金融資産をつくる力を2021年現在の33歳時点で獲得しています。この先得られるだろう複利と残存運用期間を考えると、超富裕層入りも現実的だと思います。

私がそう思えるほどに、準富裕層入りすると見える景気は変わります！

最後に、参考として金融資産5000万円突破時の私のポートフォリオの黄金銘柄3種――そうですね「BIG3」と名付けることにします――の資産構成額を紹介します！

（金額は概算）

- **LVGO　1600万円**
- **CRWD　1200万円**
- **ZM　900万円**

金融資産5000万円のうち、**たったの3銘柄で3700万円を占めていたことになり、占有率はなんと74％にもなります！（図2参照）**

他にはDSPプラットフォーム企業、トレード・デスク（The Trade Desk, Inc.／

図2 金融資産5000万円突破時のポートフォリオ（概算）

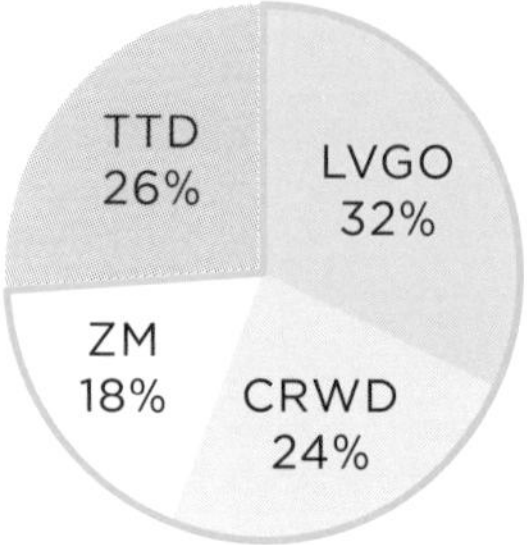

ＴＴＤ）を１３００万円ほど保有していましたが、後に売却しており長期に渡って信頼して保有できる「ＢＩＧ４」とはなりませんでした。

ちなみにですが、私が５０００万円を突破したのは２０２０年７月はじめです。前述したようにＬＶＧＯは同月末までに「半端ない」暴騰をすることになり、月末の保有額は２７００万円ほどにまで膨れ上がることになります！

３ヶ月連続で資産が１０００万円上昇！

２０２０年７月の金融資産５０００万円は、８月には６０００万円、９月には７０００万円、10月には８０００万円と、**なんと３ヶ月連続で「１ヶ月あたり１０００万円」の資産価値上昇を成し遂げたのです。**支出するスピードの何倍もの速さで金融資産が増えるのは体験したことのないものでしたから、我ながら驚きを隠せませんでした。しかも、その間は大きな取引を行ったわけではなく、コロナショック中に投じた資産が花開いただけなので余計に感慨深いものがありました。

この爆速資産価値上昇を叶えたのは前述のＬＶＧＯの快進撃が留まることがなかったからです。７月末に１２０ドル台だった株価は８月末には１３０ドル台を優に超え、９月末にはなんと１４０ドル台にまで暴騰したのです！

資産価値は３００％以上にまで上昇し、保有評価額は一時３０００万円を超えました。

単一銘柄のみの保有評価額で3000万円です！

3000万円といえば、「アッパーマス層」に該当されます。大多数の「マス層」からは羨望の的になるような莫大な金額です。これをたったの1銘柄で占めることになるのですから、我ながら唖然としました。おそらく運用している本人が一番現実感がなかったと思います。

LVGOは私が最も信頼していた銘柄です。いわば数多ある銘柄中の「王様」だと考えた銘柄です。それでも、ここまで早く成長することは想定していませんでした。想定できませんでした。

同じく私の「BIG3」に該当する、CRWDやZMも恐ろしく成長していました。先にも紹介しましたが、ZMに至ってはたった1回の決算を機に1日で株価が40％暴騰したこともあります。また、一時は「BIG3」が揃って100％以上の含み益を叶えたほどです。それほどに2020年7月～10月の間は驚きの連続で、現実感があまりに欠けていました。資産が増えるのは嬉しいはずです。嬉しいはずなのに、まるで夢を見ているような感覚でした。

この「3ヶ月連続1000万円の資産価値上昇」経験により、お金はお金に引き寄せられるというのは本当だと、身をもって知りました。

さて、今回も参考として金融資産8000万円突破時の「BIG3」の資産構成額を紹介します！（金額は概算）

- **LVGO　3100万円**
- **CRWD　1700万円**
- **ZM　1600万円**

金融資産8000万円のうち、**たったの3銘柄で6400万円を占めていたことになり、占有率はなんと80%にもなります（図3参照）**。資産価値が上昇したことで、5000万円達成時よりも「BIG3」が金融資産へ与える影響度がより増す形になりました！

他にはラテンアメリカのEC企業、メルカドリブレ（MercadoLibre, Inc.／MELI）やエッジクラウドプラットフォーム、ファストリー（Fastly,Inc.／FSLY）を各800万円ほど保有していましたが、TTD同様に長期に渡って信頼できる銘柄とはならず、後に売却しています。

ちなみにですが、LVGOの成長物語はここで一度幕を下ろすことになります。

図3 金融資産8000万円突破時のポートフォリオ（概算）

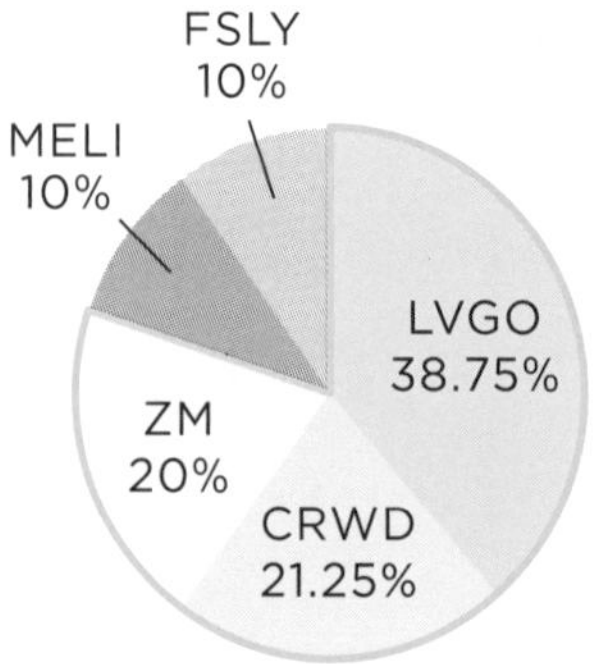

2020年10月をもって、LVGOは遠隔医療サービス企業、テラドック（Teladoc Health,Inc.／TDOC）との合併を果たします。これにより、LVGOのサービスはTDOCが本来持っていた顧客層へとアクセスが可能になり、一層の成長加速が期待できるようになったのですが、合併後のTDOCは2021年10月現在、かつての輝きを失っています。それもそのはず、LVGOとTDOCは企業規模としてはほぼ同じでした。1000億ドルの企業が100億ドルの企業を買収するのとはわけが違います。よって、直近数四半期は会計上の利益がアナリスト予想を下回って推移しているのです。

しかしながら、日本同様に米国でも社会保障費の膨張が問題になっています。各保険会社にとって、「慢性疾患」は高額な費用が発生する分野であり、芽のうちに摘みたいという思惑があります。いわば保険会社とＴＤＯＣはウィン-ウィンの関係です。現在大手保険会社などとの契約締結を進めており、今後の活躍に目が離せません。

5000万円のキャピタルゲインを利益確定しない理由

さて、2020年末時点の金融資産は約8100万円でした。これは2019年末の2900万円からは5200万円の資産価値上昇となります。年収400万円未満という私にとって「13年分の労働」に相当するほどの年間運用益を得た計算になります。うんうん、まさに神がかっていますね！

10月に8000万円を突破して以降は紆余曲折あり、それまでの「1ヶ月1000万円資産価値上昇」の勢いは続けられませんでした。

私の保有株は2020年10月から同年末にかけて株価調整の波にのまれるのです。

ちなみにこの株価「調整」は頻繁に発生します。私が心酔している「テーマ株」の大部分を占めるハイテクセクターは、同期間に5％以上株価が急落しています。これは特段の悪材料が出たわけではなく、高値警戒などによる利益確定が続くのです。読んで字のごとく株価が「調整」するのです。

こういう局面でも周囲に呼応するように、黄金銘柄を手放す投資家が散見されます。というか、そもそもそういう人が多いから株価が急落しているのです。短期間のうちに大きく株価が上昇しているので、ひとまず利益を確定させたい気持ちはわかります。さらに言えば、調整だと定義付けできるのはあとになってからです。その時点では、コロナショックのような「なにか不吉なことの前兆かも」しれません。だから不安になる気持ちはわかりますが、心の想うままに取引していては勝てないのが株式投資です。そういう風にできているのです。

調整前の時点で5000万円を超える大金をキャピタルゲインとして得ていた私は、スケベ心で利益確定していても不思議ではありません。けれど、決して揺らぎませんでした。数千万円程度の含み益なら消失してもいいと、本気で思っていました。

大切なことなので、何度も何度も言いますが残存運用期間が40年以上あることを思えば、株価急落に巻き込まれてもいいと思っています。

「頭と尻尾はくれてやれ」

私が大好きな格言です。簡単に説明すると、**「高値と安値はわからないから購入後に値下がりしようと売却後に値上がりしようと気にしない」**ということです。私も同じ考えで、要は「胴」部分で利幅を取ることができればいいのです。なんてったって、40年間じっくりと付き合えるのですから、それはもう龍のごとく長いなが〜い「胴」になっているのではないでしょうか。

ということで、10月の調整局面には1000万円ほどの資産急落が二度発生しましたが、私は1株たりとも売却しませんでしたし、むしろ新規買い付けを行いました。

前出のSEへの投資が該当します（改めて書きますが、この時の投資は2021年10月現在100％の含み益、1000万円を超えるリターンを私にもたらしました）。

この時、私のポートフォリオのなかで最も資産価値が消失したのがZMです。2020年10月の高値510ドル台から年末の株価350ドル台まで**30％を超える暴落をしていま**

す。 そもそも2020年10月に起きた調整のきっかけになったのがコロナワクチンに起因したものです。「Ｚｏｏｍ」はコロナ禍において動詞のようになったほどの「ザ・コロナ銘柄」です。脱コロナ禍でＺＭは一時の栄光から遠ざかるかもしれないことを予感させます。ホールドという選択をした私の遠い未来の利益は一体どうなっているでしょうか。

さて「調整」を経て2020年12月末にはかつての高値を取り戻すのですが、その立役者となったのがなにを隠そう、「ＢＩＧ3」の一角ＣＲＷＤです。調整前の2020年10月の高値である150ドル台は翌11月には120ドル台にまで20％ほど急落するのですが、同年末にはなんと210ドルを超えて株価が推移するに至ったのです。11月安値からの**株価上昇率は70％を超えます！** 2ヶ月未満で70％ですよ？ これは私が口酸っぱく言っている、皆が手放している時に安値で買うことの破壊力の好例ですね。

将来爆益を得られるなら、数千万円はくれてやる！

ちなみに2020年10月以降、私のポートフォリオは「ＢＩＧ3」改め「ＢＩＧ4」となります。新たに加えたＳＥは後に私の主要銘柄になるのですが、この時点ではその鳴りを潜めます。いや違うな。ＳＥは亀のような歩で、一歩一歩着実に株価上昇して２０２１年10月現在の保有比率第2位にまで上り詰めることになるのです。

33歳年収300万円台での金融資産1億円突破！

2021年2月、私の金融資産は1億円に到達しました。

念願の億り人です！　資産運用をはじめた7年前には、「絶対に達成できる！」とは思っていたものの、やはり現実感のない夢物語だと心の隅では思っていました。いや、まさかね。本当に達成できるとは。我ながらビックリですよ、ホント。

しかしながら、その日は突然に訪れ、そして何事もなかったかのように過ぎ去りました。それもそのはず、私のようにフルインベストメントで資産運用している投資家にとって、金融資産額というのはあくまで時価です。それは一時的に高くなったり低くなったりするものなのです。それに1億円という証券口座が示す数字はただのデータです。目の前に札束があるわけではありません。実感がなくても仕方ありません。

でもね、それでもね、やはり感慨深いものがあります。だって、1億円ですよ？　多くの人が「お金持ち」と聞いて思い浮かべるのが1億円だと思います。少なくとも私はそうです。つまり私はその瞬間「お金持ち」になれたのです。たとえ時価だとしても、証券口座上の単なる数字だとしても。夢にまで見た億り人になれたのです！

7年の運用期間中、2018年末～翌2019年の「アップルショック」においては資産運用損益がマイナス600万円に達したこともありました。リスクを背負った結果がマイナス600万円なら、貯金の方がいくらかマシです。そういう時期もありました。しかし、2021年2月に億り人を達成した「BIG4」がもたらした利益は**約7000万円という莫大な金額です。**資産運用損益が7000万円……一般庶民の私にはちょっとなにを言っているのかわからないほどの嘘みたいなリターンです。しかも、その大部分を担ったのが、合併により一時は不人気銘柄となっていたTDOCによるものなのですから。いやはや、まったく、私の「引く力」には、もはや私自身が引いてしまいます。

ＴＤＯＣは2020年11月の安値である170ドル台から、私が億り人を達成した2021年2月には280ドルを突破して推移したのです。たったの3ヶ月で60％もの暴騰です。怖い、自分が怖いです。

というわけで、私が1億円という大台の達成を叶えたのはたったの4銘柄による莫大な含み益のおかげです。とりわけ、2銘柄が含み益のほぼすべてを稼ぎました。

改めまして、私の優秀なプラチナを生む卵を紹介します。**TDOC、CRWD、ZM、SEです。**これは2021年2月時点で私に莫大なリターンをもたらした順です。おなじみとなりましたが、各資産構成額を紹介します（金額は概算）。

- **TDOC　3600万円**
- **CRWD　2600万円**
- **ZM　1400万円**
- **SE　1500万円**

金融資産1億円のうち、**4銘柄で9100万円を占めていたことになり、占有率はなんと91％にもなります（図４参照）。**もはや、「ＢＩＧ４」＝総金融資産といっても過言じゃありません！

図4 金融資産1億円突破時のポートフォリオ(概算)

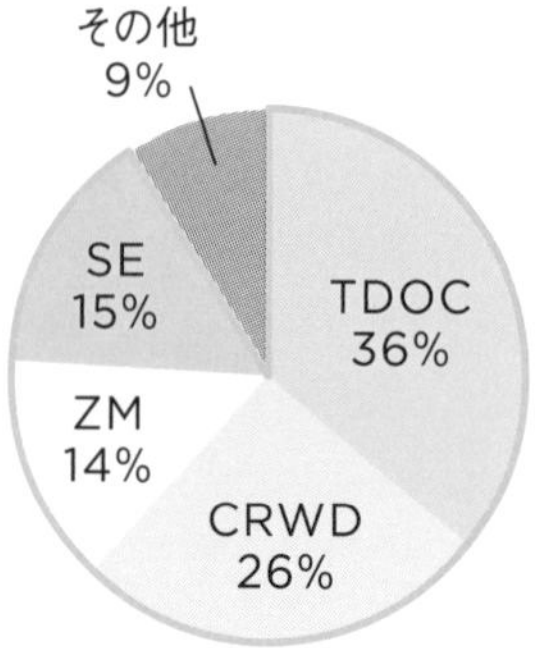

こうして33歳、年収300万円台、地方で育ち、地方で就職し、特にこれといって目立つところのない平凡な私が億り人になれたのです。

米国株投資には夢があります！

米国株投資には夢を叶える力があります！

第5章

全投資家の資産を増やす
米国株「勝利の法則」

最強インデックスの指数を超えるために

対S&P500指数アウトパフォーム戦略！

S&P500インデックスは私が思う最もリスク・リターンが最適な指数です。S&P500インデックスで運用するのなら平均年率は9%を期待でき、個別株などの運用で安定してこれを超えるリターンを得るのは困難です。本当に困難なのです。

私自身、個別株投資をはじめて以降、2年間はS&P500をアンダーパフォームしていました。ただ「負けて」いたなんてレベルじゃありません。「大きく負けて」いました。投資先の企業が倒産するかもしれないリスクを背負ってなお、リターンで大敗するのなら、個別株投資なんてする意味はありません。だから、私はこれから資産運用をはじめようとする投資家の卵に個別株投資はおすすめしません。

けれど、私がそうであるように、「早くお金持ちになりたい」人がいるのも事実。よって、私が考える対S&P500インデックス対策をいくつかあげたいと思います。これまでの内容のまとめの意味もありますので、一つずつ確認していきましょう。

銘柄数は5銘柄まで

そもそも個別株投資を選択するのなら、分散投資なんてする意味はありません。世界最強の企業群500社を擁したS&P500を「あえて選ばない」のなら、銘柄数は極端に絞りましょう。

私は一般論を述べるつもりはありませんから、さらっと紹介しますが、銘柄を8〜20銘柄に分散した場合のリスク・リターンが最適であるという統計データがあります。ありますが……そもそもそれを言い出すのなら広範囲に分散されながらも成長を実現しているS&P500をなぜ選ばないの？　と私は思います。

なので、S&P500に勝ちたいのなら兎にも角にも集中投資です。ポートフォリオには厳選に厳選を重ねた、素晴らしい銘柄のみをラインナップしましょう！

旬のセクター

最強指数S&P500に勝つならこれしか方法はありません。**その時期に最も勢いのあ**

るセクターに集中させましょう。例えば、コロナショック初期ならワクチンやソーシャルディスタンスなどのテーマ銘柄。例えば、コロナショック後ならバリュー株やシクリカル銘柄（景気敏感株）などなど、時々の流れに沿った銘柄を採用しましょう。

S&P500の弱点は500社に分散していることによる、「足を引っ張る」銘柄の存在です。景気が循環するように、特定の循環期には特定のセクターが株価上昇を先導するという「流れ」が存在します。個別株投資はその機動性を活かして、先に提示した例のような時宜に適した銘柄を選択しましょう！

●無配当銘柄

株主に多額の配当を還元するような企業は、成長ステージが終了していることを示唆しています。営業活動で得た利益を再投資してさらなる成長を目指すのではなく、株主に利益を還元することを重視しています。

よって、年間に10％以上の株価上昇をすることは稀です。この配当を還元する企業への投資家はそもそも高い成長率をあまり求めていません。よって、経営陣も成長ではなく、安定した利益を生み出すための戦略をとります。

一方、無配当銘柄は営業活動で得た利益をすべて事業へ再投資します。遠い将来の利益を上げるために、現在の利益を犠牲にしたとしても成長を叶えることで株主の期待に報いることを重視しています。

よって、成長を重視している無配当銘柄は**年間10％以上の株価上昇も珍しくありません**。また、投資家も無配当銘柄に対して、配当を還元することを求めません。これは経営陣にとっては有利な環境です。株主が利益至上主義でないのなら、将来利益のために思い切った戦略をとれます。これらのことから、S&P500の平均年率9％超えを目指すなら、積極的に無配当銘柄を採用しましょう！

● 時価総額の小さい銘柄

株価が100％上昇する場合、時価総額1000億ドルの企業が2000億ドルになるよりも、100億ドルの企業が200億ドルになることの方が、市場規模の差があるため、一般的にハードルが低いです。

加えて、S&P500は時価総額加重平均という仕組みで成り立つ指数であり、採用銘柄の時価総額に連動して保有比率が大きくなっています。つまり、一部の極めて高い時価総額企業の株価に左右されやすいという特徴があります。

よって、前者のように時価総額の大きい企業よりも成長が早いということと、後者のようにS&P500に良くも悪くも連動しない（連動しなければアウトパフォームもアンダーパフォームもしやすい状態となります）という二つの意味で時価総額の小さい銘柄を選好します。

目安としては1000億ドル未満です。 1000億ドルはもはや十分に時価総額が大きいですが、**私が思うに500億ドルを超えても爆速で成長し続ける企業が見受けられるため、** あまりに規模に固執すると、それら黄金銘柄を視界の外に追いやってしまうので注意が必要です。

● 市場全体暴落用にキャッシュポジション15%確保

相場の流れは、良くも悪くも瞬間的には極端に変動します。昨日となんら状況が変わっていなくとも、売りが加速する瞬間がどうしてもあります。こういう時、流れにのって黄金銘柄までもが売られることも多く、S&P500に勝つためにはこの瞬間を利用しない手はありません。

よって、いざという時にすぐ使える資金を**金融資産のうち15%は確保しておきましょう！** これは「守る」ための資金ではなく、「攻める」ための資金です！　ちなみにですが、私はその瞬間に資金がなければ、つくります。株式資産のメリットの一つに換金性があります。即時に換金できるメリットを活かし、A銘柄を売って、より成長の早そうなB銘柄に乗り換えるという戦略をとることもあります。

損切りラインを設定

景気には循環があり、同様にそれまで優位だったセクターが、ある時を境にアンダーパフォームに転じる瞬間があります。S&P500はそれらすべてを内包しているため、その循環をものともしません。一方で、個別株投資はその「セクターローテーション」に多大な影響を受けるため、大きく株価が急落し、それがいつ回復するのか読めない瞬間がやってきます。

「私は」それをチャンスだと捉えることができますが、多くの投資家にとっては後の「狼狽売り」に繋がりかねません。よって、「平均買い付け額から10%値下がりしたら売る」など損切りのルールを決めておきましょう！

基準となる数値は適当でいいと私は思います。これも教科書的には6～8％だと言われていますが、**私は規律をつくること自体に意味があると考えています。**

要するに、優位だったセクターが優位性を失ったのなら、次の優位なセクターに資金を移動させればいいのです。そうやって、常に市場全体よりも成長が早い銘柄でポートフォリオを構成しましょう。

●基本は順張り

先の項目に繋がりますが、「足を引っ張る」銘柄の存在はポートフォリオ全体のリターンを大きく損ないます。なぜなら、5銘柄という集中投資を選択している場合、1銘柄あたり（均等分散するとして）20％を占めるに至っているからです。

よって、例えば「ウサギとカメ」ならウサギを追います。物語の結末にはカメが勝つとしても……です。ここで言うウサギとはその時、その瞬間に勢い良く株価が続伸している企業です。ウサギへの投資こそが順張り投資です。一方で、どれだけ素晴らしいとあなた自身が判断していても、仮に将来的に有望だと感じているとしても、その時、その瞬間に株価が伸びていないカメのような企業への投資は順張りとはなりません。

さて、以上のように私が考える対Ｓ＆Ｐ５００指数アウトパフォーム戦略を紹介してきました。お気づきの方もいると思いますが、現在の私は紹介したような戦略をとっていません。それは、すでにＳ＆Ｐ５００を大きくアウトパフォームしており、同指数とのリターン差が生むバッファがあるからです。しかし、少なくともアウトパフォームに至る過程ではこれらの要素が重要だと私は考えます。

これは片手間では決してできません。常に相場と向き合い、今が景気循環の「どこ」にいるのかを思案する必要があります。運用のために時間を割くことも、その上で資金を失うリスクもあります。だから、私は大多数の資産運用者にとって個別株はおすすめしません。けれど、読者の皆さんの中には「それでも９％以上のリターンが欲しい！」と思う方もいらっしゃるはずです。

そんなあなたに捧げます。

偉大なるリスクテイカーよ。

ようこそ、修羅の世界へ。

「全世界」と「米国」のインデックス推奨銘柄

「遠い将来」に向けて資産運用をしたい！

かつての私は将来に漠然とした不安を抱いていました。資産運用をはじめた当時の私は、なにも1億円を稼いでやろうなどと大それたことは露ほども考えてはいませんでした。億り人になることやFIREを目指すことになるのは、いざ資産運用をはじめてみて、その成果を実感できるようになってからのことです。

私は2021年10月現在、1億円「近く」の金融資産を保有しています。これは金融資産のほぼすべてをリスク資産に投じていることによって、一時的には前後2000万円ほどは容易に変動することで、「常に」1億円が手元にあると断定できないから「近く」としました。

私のようにフルインベストメントかつボラティリティの激しいリスク資産を保有するならば、金融資産額の推移は決して安定しません。だからこそ大きく利益が出ることも、大きく資産を減らすこともあるわけです。

何度も申し上げますが、現在の私が採用しているような資産運用方法は決して推奨できるものではありません。

なので、ここでは過去の私が実際に行ってきたような、より堅実な方法を資産運用「初心者」に向けて紹介したいと思います。

現在に至るまで「貯蓄」一本だった方には、まずリスク資産のボラティリティに慣れるために、私が資産運用を開始した当初に採用していた**「全世界への株式分散投資」**を推奨します。

選択すべき商品は経費率（信託報酬など）が最も低いものです。近年は新たな商品が次々と発表されています。本書が読者の皆さんに届く頃には、現在の経費最安商品が変わっている可能性もあるでしょう。なので、皆さんが資産運用をはじめるその時点で最も経費が低いものを選んでください。

現状（本書執筆時点の２０２１年10月現在）を見るに、各証券会社が発表している「人気ランキング」の上位は、ほぼ経費率の低いものがラインナップされています。皆さん優秀です！

しかしながら、どうしてもまーしーがなにを選ぶのかを知りたい！　と仰る方に２０２１年10月現在の私が選ぶ商品をあげておきます。私なら**バンガード・トータル・ワールド・ストックETF（VT）**に投資します。経費率はわずか０・08％。これ一本で新興国を含む世界42ヶ国の株式に投資ができる優れものです。構成銘柄数はなんと約２９００！　これだけ分散すれば、運用期間中に1国の1銘柄に不祥事があったとしても、その他の銘柄がカバーしてくれるので安心して運用ができます！

ちなみにですが、同一商品を日本円で運用できる投資信託もあります。投資先の銘柄などの中身はまったく一緒です。理論上のリターンも（ほぼ）同じになるはずです。しかし、前述でおすすめした「VT」のように、私ならETFにてドル建て運用します。なぜなら、私は通貨としてのドルに以下のような強いこだわりがあるからです。

- **基軸通貨**
- **半永久的に「円」に戻す予定がない**
- **為替差益**

ドルは世界で最も流通している通貨です。日本で生活する分には見落としがちですが、世界全体に目を向ければＢＩＳ（国際決済銀行）がまとめている為替市場における通貨別取引高でドルは約40％を占めます。円の４倍を超える規模です。

日本で働き、日本で生活する私は円の経済圏に縛られていますが、もし通貨として円の価値が低下（＝円安）するならば、それは相対的に大きな資産価値の減少を意味します。

また、給与を含めた収入を円で受け取っていますから、日々の決済で円が不足する事態は想定しにくいので、一度交換したドルは数十年に渡って円に交換する必要がありません。その際、前述のように円安かつ株高となれば、キャピタルゲインに加えて為替差益まで手に入ることになります。

将来円安になるか円高になるか。これは私にもわかりません。けれど、投資家である以上は予想をしなければなりません。よって私の予想は長期的には円安になると考えています。通貨は短期的には需給で動きますが、長期的には信用で動くと考えているからです。

今でこそ、有事の際は円が買われています。その他の通貨と比較した場合、円は未だに強い信用があります。少なくともこれまでの日本は世界屈指の経済大国ですし、日本が抱える債務は日本が円で賄っています。デフォルトリスクは極めて低く見えます。けれど、それはあくまでも現在までの話。日本はこの先、現在より一層の高齢化が進行します。加えて人口は減少傾向です。要するに「需要」「供給」双方が減少していく未来が確定しています。

投資家としての私は、未来の日本への信用はなく、信用が低下することで円安が進むだろうと考えているのです。

とはいえ、未来は読めません。仮に、私の予想どおりに事が運ぶとしても、それは100年以上先かもしれません。

要するに、読者の皆さんは必ずしもドル建てにこだわる必要はないということです。よって、日本円での投資信託運用を選んでも、ドル建てでのＥＴＦ運用を選んでも、どちらでもいいです。繰り返しになりますが、理論上のリターンは同額になるはずです。ただし、経費率は実際にかかる負担なので、経費率が異なるのなら、**投資信託よりもドル建て**

ETFの方が長期間の運用において優利なのは間違いありません。

さて、話を戻します。「全世界への株式分散投資」で値動きに慣れたなら**「米国」へと運用資産を集中させましょう。**米国株式市場がいかに優れているかについては、もはや耳にタコができているでしょうからここでは控えます。選ぶべき商品は世界分散時と同様に、その時点で最も経費率の低いものです。

なになに？　またしてもまーしーならなにを選ぶか知りたい？　仕方ないですね。特別ですよ！　2021年10月現在なら、私は**バンガード・トータル・ストック・マーケットETF（VTI）**に投資します。本商品は米国株式市場に上場するほぼすべての銘柄に投資することが可能です。構成銘柄は約3900！　特筆すべきは経費率であり、なんと0・03％という低水準の手数料で運用されています。

「あれ？　待てよ。まーしーはこれまでS&P500を散々持ち上げてきたはずだ。なのに、S&P500を選ばないとはどういうことだ」

そんな声が聞こえてきそうなので結論から申し上げます。

どちらを選んでも問題ありません。本当に。まったく。

私がＶＴＩを選ぶのは、Ｓ＆Ｐ５００には構成されていない数多の中小型株の存在です。私は時価総額の低いものを好むという一つの「習性」みたいなものがあるので、ＶＴＩを選ぶのです。ちなみに過去のリターン実績はほぼ同じです。なので、あとは読者の皆さんの好みで選択してください。どちらも金の卵であると胸を張って言い切れます！

さて、**多くの投資家にとってＳ＆Ｐ５００に到達できたのなら、それはもう資産運用としては完成しています。**もう十分です。これ以上の投資行動はリスク・リターンが釣り合いません。

もし、あなたが20歳代で１０００万円の元本を基にＳ＆Ｐ５００を運用しているのなら、あなたはものすごく優秀です！　誇ってください！　20歳代で培った資産運用経験は遠い将来、高確率で報われるでしょう。

もし、あなたが30歳代で２０００万円もの大金を手にし、今後もＳ＆Ｐ５００で運用を続けるのなら、もうそれはすでに1億円を手に入れているのと同義です。胸を張ってください！　あなたは投資家としてごく一部の成功者です。

しかし、しかしですよ。「私は資産運用をはじめたのが遅かった……」などと後悔しているあなたが40歳代で２０００万円を手にしているのなら、気後れする必要は微塵もありません！

男女間で違いはあるものの、ざっくりと平均寿命を85歳とします。あくまで机上の空論ではありますが、仮に平均寿命期間一杯まで資産を運用し続けるなら、残存運用期間は49歳で資産運用を開始したとしても36年間あります。S＆P５００は過去の実績に基づけば年率９％を期待できるので、先に紹介した72の法則で試算すれば、８年で運用額は２倍になります。よって、単利計算でも36年あれば、当初運用額は約5倍になるので１億円も十分視野に入ります。

よって、私が考える金融資産１億円に到達するための目標は

49歳までに２０００万円の元本を基に、S＆P５００で資産運用を開始する！

これを目安にすれば、１億円という大台を狙えます。

さて、一方で個別株投資にチャレンジしてみたいという方へ推奨するのは、まずは1銘柄から少額ではじめてみましょう。個別株はきっとあなたが想像している以上に値動きがあります。

「そんなことは十分承知している。私は相場の変動など怖くない」

などと息巻いたところで、大事な資産を日増しに失うなかで同じことが思えるでしょうか？

例えば、S&P500を運用していたのなら仮に弱気相場入りしたとしても、「しっかりホールドしておきましょう」と自信を持って助言することができます。一方で、個別株の場合は本当に手放した方がいい場面があります。その見極めは私にも、歴戦のプロにも正確にはできません。よって、株価変動を実際に体感し、自身のリスク許容度を測るためにも1銘柄、少額からをおすすめします。

リスク許容度をいざ設定することができたならば、その範囲内で「適切な」投資対象に、「適切な」分散を心掛けた個別株運用をしましょう。あなたがトレードの利ざやで利益を稼ぎたい投資家でないのなら、毎日株価をチェックする必要すらありません。なぜなら、前述のステップを踏襲していればリスク許容度内で、自分が信じられる企業に、失ってもいい額を投じているはずですよね！
ならば日々の値動きなんてものはむしろ「ノイズ」です。それで動揺するくらいなら、見ない方がいい可能性すらあります。

個別株のボラティリティは高いです。ETFや投資信託の2倍以上を想定してください。けれど、その分株価成長も早いので、もしかしたら私のように爆速1億円を叶えられるかもしれません！
おすすめはできないけれど、少なくとも私にとって個別株投資より楽しい娯楽はあまり思い浮かびません。

自分で考え、悩んで、選んだ銘柄が高成長を果たしたのなら、それは自分の資産運用の成果といってもいいじゃないですか。実益がある趣味ほど面白いものはありません！

メインの情報収集はWSJとTwitter

私が1日のうちに株式投資のために使う時間は1〜2時間です。これは私が個別株投資家であることと、そもそも「趣味」として資産運用をしているので苦もなく「習慣」として根付いていています。

もし、S&P500のような優れたインデックスにて資産を運用するのなら、極論ですが1年に1回、証券口座にログインして現状を確認するくらいでも問題ありません。S&P500という最適解の運用に到達した時点で、資産運用は完成しています。

けれど、やはり投資家である以上は世界経済に関心を持つべきだとも思います。よって、私がどのように株式投資をするための情報収集をしているのかを参考までに紹介します。

最も重視しているのは世界を代表する経済紙「The Wall Street Journal」（ウォール・ストリート・ジャーナル／ＷＳＪ）です。私は英語が苦手ですが、大丈夫です！　英語版に比べて記事数は多少限定されますが、日本語版記事も提供されています。無料ではありませんが、私は購読する価値のある媒体だと思っています。大袈裟かもしれませんが、ＷＳＪを読まないで投資家を名乗るのはおこがましいとさえ感じます。それくらい内容の濃い記事が読めます。

また、実際に身銭を切っているので、一言一句逃さず真剣に記事を読むこともできます。これは無料で見られる、その他媒体との大きな違いです（あくまでも精神論の域を出ませんが）。

ちなみにですが、私はＷＳＪを「とても楽しく」読んでいます。漫画や小説などの娯楽と同じ感覚です。

他にも「ロイター」や「ブルームバーグ」にも目を通します。こちらは無料でも読めるので、ＷＳＪの補完として利用しています。

一方で個別企業の情報は経済紙では賄えません。なので、決算期などの節目には各企業のＩＲを確認していますが、**「速報」としておすすめするのがTwitterです。**

利用方法は「$」の後にティッカーシンボルを打ち込み、該当企業についてのツイートを検索します。例えば、AAPLのことを調べたければ「$AAPL」と検索します。すると世界中の「情報通」が仕入れたばかりのホットなニュースが見られるので、株価のボラティリティが高まっている時はこの方法が重宝しています。


「毎日行うなんて大変そう」

「情報収集に割く時間がない」

私も最初はそう思っていました。でも、慣れます。億劫でも続けていれば習慣になります。大変ではなくなりますし、時間がなければそのための時間をつくるようになります。

そういう風にできています。

勉強したからといって、投資成績が必ずしも向上するわけではありません。

けれど、資産運用で成功しているのは努力を惜しまない人だと私は思います。

現在の総金融資産の比率。フルインベストメントの実態

読者の皆さんのなかにはフルインベストメントがイメージできない方もいらっしゃるかもしれません。そこで2021年10月現在の私の資産構成を紹介します。

- **現預金　1%**
- **株式　99%**

以上。

ネタじゃありません。マジです。フルインベストメントとはこういうことなのです。

ん？　なになに？　もっと詳しく知りたい？　仕方ない。特別ですよ！

● **現金　0・00……1％**

私はお財布に多額の現金を持つことに恐怖を感じます。なので、多くとも3万円以上の現金を入れることは滅多にありません。金融資産を1億円近く保有している今でも「1万円札」は輝いて見えるので、複数枚あると恐縮しちゃいます。

● **預金　0・9％**

お金には消費期限があると私は考えています。いわゆるインフレーションです。ちなみにですが、わが国は30余年に渡ってデフレーションが続いています。お金が価値を保ち続けているので、後生大事に預金をしている方が多いのもそういった理由からだと推察します。

● **株式　98％**

言わずもがなです。米国株式のみで構成しています。ごくごく少額のETFといくつかの個別株、そしてほぼすべてを占めているのがおなじみ「BIG4」です。

投資信託　0・00……1%

ＮＩＳＡや「ポイント投資」はインデックス投資信託で運用しています。前述のとおり私は現金を持ち歩きません。決済方法はほぼすべてクレジットカードにて行っています。その際に還元されるポイントなども余さず運用に回しています。小さなことでも「コツコツ」と！

年金　1%

使えるものはなんでも使う。鉄則です。私はｉＤｅＣｏを利用しています。運用先はもちろん米国株式１００％！

紹介した順は即時換金性を基に並び替えています。特にｉＤｅＣｏは私がまだＦＩＲＥを意識する前にはじめたものですから、今の私なら利用していないかもしれません。

とはいえ、運用によってどれほどの利益が出るかわかりませんが、税金は確実に発生する経費です。ＮＩＳＡやｉＤｅＣｏは運用益が非課税になったり、掛金分が「所得税額控除」の対象になったりする制度なので、多くの方にとって最優先で利用すべきだと考えます。

また、「額」ではなく「割合」にしているのは、この構成を長年崩していないからです。なので、もし金融資産が2億円を上回ったとしても現預金は1%未満へ抑え、**株式へのフルインベストメントを継続していると思います。**

私はそれほどに株式という資産に惚れ込んでいるのです！

個別株はあなた自身の専門性を活かして選ぶべき

「個別株投資をしたいけれど、なにを選んだらよいのかわからない」

そういう方もいらっしゃるかもしれません。あえて、述べるまでもありませんが、なにを選んでよいのかわからなければ「ＶＴＩ」に投資をしてください。

個別株投資で9%の利回りを得るのは難しいですが、過去数十年の実績からＶＴＩなら今後も容易に達成できそうです。また、「なにを選んだらよいかわからない」程度の知識でよく理解できていない対象に大事な資産を投じるのは、極めて危険な資産運用方法です。弱気相場で焦って手放すことに繋がりかねません。

「そんなことはいいから、とにかく利益が出そうな投資先を知りたい」

同感です。私も未来が読める水晶玉があるのなら、躊躇せず覗き込むことになるでしょう。機関投資家などのプロも含めて、利益が出る投資先を知りません。暗闇のなか、手探りで探し当てるのです。そうやって皆が潜在的価値に気づく前に投資をしておくことで、後に莫大な利益が出るかもしれません。

一方で「後に莫大な利益が出るかもしれない」と勇んで資金を投じても、その予想は絵に描いた餅にしかならず、損失を抱えてしまうかもしれません。個別株投資とはそういうことです。

よって、個別株の選び方として私がおすすめなのは「あなた自身の専門性」を活かすことです。

例えば、私の職種は事務職です。もしあなたが医療関係者なら、私より確実に医療機器や医薬品などの知識が豊富なはずです。実生活で得た経験を基に「製薬企業AとBなら、Aの方が使用感がよく、処方しやすい」「医療機器企業AはBと比較して、より最先端の技術を使っている」などの消費者としての専門性があります。

断言しますが、あなたが医療関係者なら「ヘルスケアセクター」の資産運用では私より優れています。なぜなら、あなたは私よりも潜在的価値にたどり着く可能性が高いからです。

株式投資に「絶対」はありません。「正解」もありません。ならば、「誰かが推奨する理解できない投資対象」ではなく**「自分自身が最も得意な領域のなじみのある投資対象」**を選びましょう！

さて、以上のことから一つだけ私の一消費者として「専門性」を活かした資産運用先の情報を共有しておきます。GAFAM（ビッグ・テック）、GAFA、FAANGなどで略称されることもある一部の超大型ハイテク企業群に対する私の見解です。

私は消費者としてこれら企業群のサービスに「依存」しています。

iPhoneがなければ所有欲を満たせません。Google検索がなければ投資先企業を効率よく調べることができません。Excelがなければ本職の業務に差し障りがあるし、Wordがなければ本書の執筆に差し障りがありました。Netflixがなければコロナ禍においてストレス解消手段がなかったですし、Amazonがなければ日用品一つ買うにもわざわざ店舗まで足を運ばなければなりません。

これらの企業は世界中で幅広く認知されているし、利便性ゆえに今後とも繁栄を続けると私は考えています。巷では「ネクストFAANGは〜」などの議論もありますが、「ネクストFAANG」は相変わらず「FAANG」ではないかと思います。売上高成長率、利益率は比類ないものです。きっと数十年程度なら世界中を席巻しているビジョンが見えます！

とはいえ、これはあくまで「まーしー」という一人の投資家の意見でしかなく、賢明な読者の皆さんはどうか「他者」ではなく「自身」の見解を基に資産運用をしてください。少なくとも私は人の真似事で資産運用をしていた時期は利益を出せませんでした。

対S&P500指数アウトパフォーム推奨銘柄。長期安定が期待される7つの米国個別株

繰り返し申し上げているように、幅広く分散した上でも安定した成長が可能なS&P500などのインデックス運用ではなく、あえて爆益を狙って個別株運用をするならば、銘柄は誰かの推奨銘柄ではなく、ご自身が研究した上で最も素晴らしいと思う投資先を見つけ出すべきだと私は考えています。

例えば、私が現在ウォッチリストに入れて監視している銘柄の多くは「成長率」に特化したものです。よって、成長ストーリーが崩れた場合はその時点で投資するに値しない企業となり、すぐさま他の銘柄へ資産を移し替えたりしています。

もし、私が本書でそれらの監視銘柄を紹介したとしても、発売時や皆さんが本書を手に取った時点では、すでにウォッチリストから脱落している可能性があります。「成長率」に特化した企業での資産運用は、それくらい流動的なのです。

一方で、超長期で安定して成長するだろうと期待している銘柄もあります。それらの企業は数年の間に評価が急転することは考えにくく、ボラティリティに耐えてホールドさえしていればS&P500をアウトパフォームすることも可能なのではないかと考えています。よって、**私が思う超長期運用でS&P500を超えられるだろうと厳選した銘柄7種を紹介します。**

銘柄数の根拠は、私自身が8銘柄以上に分散するくらいなら素直にインデックスに投資した方がリスク・リターンは向上すると考えているからです。

しかしながら実際に大切な資金を投じる際は、くれぐれもご自身で吟味した上で投資先を決定してください。私の推奨銘柄はそのヒントだと捉えていただければ幸いです。

紹介文の類似企業は有望ながらも、同じような業種を多数選んでもリターン向上に繋がらないと判断し、悩んだ末に切り捨てた銘柄です。基準として株価成長率の高い方を私は選びました。

●アマゾン・ドットコム（Amazon.com,Inc.／AMZN）

電子商取引やクラウドコンピューティングなどの幅広いサービスを提供。時価総額が１

兆ドルを超えてなお、継続して30％前後の売上高成長率を誇る。近年では利益率も向上。顧客第一主義などの社風によって消費者にとっては必要不可欠な企業。

●アップル（Apple Inc.／AAPL）

iPhone他デジタルデバイスやソフトウェア、オンライン総合サービスを提供。極めて高い顧客満足度を武器に、「iPhoneを売っている会社」から「総合デジタルサービス」へ転身。２０２１年10月末時点で、マイクロソフト（ＭＳＦＴ）に次いで世界第2位の時価総額企業であるが、さらなる成長の余地あり。

●インテューイティブ・サージカル（Intuitive Surgical,Inc.／ISRG）

手術ロボット製造会社。低侵襲手術（小さな傷で行える手術）を行えるような高精度な手術器具を提供。専用の消耗器具取り替えなどにより、長期に渡って継続的な売上が見込める。５G普及後は遠隔手術の技術を支える可能性あり。

● **マイクロソフト（Microsoft Corporation／MSFT）**
ＯＳ「Windows」やオフィスソフトなどのソフトウェアを提供。２０２１年10月末時点、世界最大の時価総額企業で、安定した2桁台の売上高成長率と高い営業利益率を併せ持つ。かつてのバリュー銘柄が「サブスクリプション」サービスに軸足を移し、グロース銘柄として大復活。

● **ＭＳＣＩ（MSCI Inc.／ＭＳＣＩ）**
おなじみである「ＭＳＣＩ～」など複数の株価指数を算出、ポートフォリオ分析他、幅広いサービスを提供。競合となる企業が少ないため経済的な堀が深く、極めて高い粗利率を誇る。類似企業はＳ＆Ｐグローバル（S&P Global Inc.／ＳＰＧＩ）。

● **エヌビディア（NVIDIA Corporation／ＮＶＤＡ）**
リアルタイム画像処理に特化した半導体を設計。あらゆるモノが頭脳を持つようになり、半導体は必要不可欠なものになった。今後の主要テーマである「５Ｇ」「人工知能（ＡＩ）」「メタバース」の根幹となる可能性がある。類似企業はアドバンスト・マイクロ・デバイシズ（Advanced Micro Devices,Inc.／ＡＭＤ）。

ペイパル（PayPal Holdings,Inc.／ＰＹＰＬ）

人気電子商取引。クレジットカード番号や口座番号を開示することなく取引が可能なため、安全なサービスだとされている。ビットコイン（ＢＴＣ）を取扱うなど成長に貪欲。類似企業はスクエア（Square,Inc／ＳＱ）。

エピローグ

あなたには、1億円を手にする資質があります。

現時点の金融資産は約8000万〜1億円

2020年はコロナショックという未曾有の経済危機がありながらも、最新のテクノロジーによって自宅にいながらさまざまな対応が可能となったおかげで最低限の経済活動は維持され、また新型コロナウイルスに対するワクチンもかつてないほどのスピードで開発・普及しました。加えて、政府や中央銀行が一丸となって巨額の金融緩和、財政出動を行ったことで米国株式市場はあろうことか史上最高値を更新するに至りました。

そういった株価急騰の後押しもあり、本文で述べたとおり、私の金融資産は2020年から翌2021年の2月にかけて7000万円以上のリターンを得ることができました。

7年という短い投資歴ですが、おそらくコロナショックのように、たったの数週間のうちに金融資産が半減することや、その後たったの1年間で金融資産が5倍ほども膨れ上がる経験をすることは、今後生涯を通しても経験することがないかもしれません。それほどにコロナショックとは未曾有の出来事だったのです。

1億円という大それた金融資産を手にした私ですが、2020年のような歴史的な株式市場の暴騰がいつまでも継続するはずもなく、2021年2月以降は一時7000万円台にまで金融資産が急落したあと、2021年10月現在に至るまで8000万円から1億円の間で金融資産が変動するレンジ相場の只中にいます。

「タラレバ」を考えないわけではありません。強がりのように聞こえるかもしれませんが、私は、私が運用しているような成長株——特にコロナ禍において活躍したテーマ株——がセクターローテーションに巻き込まれて一転急落する事態を予測していました。本当ですよ？　だから、その気になれば高値売りもできたかもしれません（これは強がりです）。２０２１年2月の高値で売ってい「タラ」、その後の株価急落後にその資金を持って安値で買い直してい「レバ」、私の金融資産は1億円を優に超えて推移していたことでしょう。

しかしながら、やはり私は、私の「セクターローテーションの波に乗らなかった」という投資行動を肯定します。もし今後の投資人生において２０２１年2月以降のように突如として保有株が売り込まれる状況になったとしても、未来を見通す水晶玉のようなものがない限り、私は私が信じて大切な資金を投じている「ＢＩＧ４」の行く末を信じました。何度繰り返しても同じ決断をします。私は株価を見て、急落しているからと右往左往するような投資行動をしているわけではなく、その企業が将来世界にもたらすであろう数多の素晴らしいサービスとその価値を見ているからです。

もちろん自分自身が思い描いたストーリーが崩れてしまった場合は、いつか手放す日も訪れるでしょう。少なくとも7年という投資歴のなかで、私の平均的な銘柄保有期間はおよそ1年です。決して、「永久保有銘柄だ！」と思ったことは一度もありません。

けれど、それはコロナショックのような大バーゲンセール価格で将来超有望な企業に投資できたことがなかっただけであって、現在のＢＩＧ４ははじめて出会えた永久保有に匹敵する銘柄となるやもしれません。

とはいえ、未来を見通す水晶玉がない限り、今後も私はその都度悩み、苦しみ、もがき、足掻いて、投資家として成長していきたいと考えています。

40歳までに保有金融資産2億円を目指す

言葉には力がある。私はそう信じていますし、事実これまでに何度もそれを叶えてきました。うち一つは億り人の達成です。

私が主に活動の場として利用しているTwitterをはじめた目的の一つが、金融資産1億円を達成するまでの道程を「日記」のように残すことでした。

当初は40歳代までに1億円を達成すると宣言し、その目的にふさわしい銘柄や投資方法を心がけていました。転機となったのはコロナショックです。Twitterを利用していて良かったなと思うのは、当時の投資行動や考えが現在でも残っていて確認できることです（そういう意味では「日記」として利用をはじめた目的も達成しています）。コロナショックの底からの急反転を機に目標を「40歳代」から「30歳代」で億り人になると上方修正しています。事実そのとおりになりました！

願うだけではダメです。信じるだけでもダメです。夢や目標があったとしても、行動に移さなければ叶いません。そういう風にできています。

だから私は再び言葉にします。

40歳代までに2億円の金融資産を目指します！

またFIREを実現し、経済的自由をこの手に掴みます！

願っているだけではありません。

信じているだけでもありません。

そのための行動を現在も行っています。
1億円という大金を得たあともフルインベストメントを続けているのは。
ボラティリティの高い成長株を未だに保有し続けているのは。
日々、ＷＳＪ他株式投資の情報を得るために多くの時間を費やしているのは。
給与収入からの少なくない金額を株式に投じ続けているのは。
これらの目標を叶えるためです。
私は歩みを決して止めません。

努力は平気で嘘をつきます。持って生まれた資質は平等ではないし、チャンスを掴む機会も平等ではありません。その残酷な真実を知ってなお、それでも努力をできる人だけが、努力し続けることのできる人だけが、報われる瞬間を手に入れることができるのだと、私は思います。
その時まで、諦めません！

言葉には力がある。私はそう信じています。

金融資産1億円に到達できたという事実

繰り返しになりますが、私の労働収入は２０２１年現在でも未だ年収４００万円に届きません。けれど、２０２１年2月、33歳にして1億円という金融資産を手に入れました！

私が読者の皆さんにお伝えしたいのは、なによりも「諦めないで」ということです。

この原稿を書いている只中、２０２１年9月のとある日、「親ガチャ」という言葉が巷でささやかれるようになりました。その意味は、どのような親のもとに生まれてくるかによって、人生が決まってしまうということです。

確かに家庭環境は千差万別です。我が家も決して裕福ではありませんでした。例えば今、私の金融資産は私以外の家族全員の金融資産を合計しても上回っていると思います。けれど両親が健在かつ一般的以上とも言える収入があり、大学まで通わせて貰った私は、そうじゃない多くの方々からすると、「そんなに恵まれているのなら、お金持ちになって当然」と映るかもしれません。はい、私は恵まれていたと自覚しています。けれど、お膳立てがあったからといって33歳で億り人になれるのかというと、やっぱりそうは思いません。思えません。

結局のところ、工夫次第で人の生涯は「ある程度」選択できると私は結論付けています。子は親を選べません。スタートは皆違います。当然です。平等なんてものは、この世に生を享けた瞬間からすでに存在しません。皆が言う「平等」は詭弁なのです。ほんと、悲しいですけれど。でもそういう意味で、私たち日本に生まれた人は世界に目を向けると恵まれています。とてもとても恵まれています。私が育ってきた環境が恵まれていると自覚しているように、現代の日本に生まれたすべての人も恵まれていると自覚するべきです。私たちは文字を読めます。計算もできますし、なによりも自由があります。人を傷つけるための武器を手にすることを強要されない時代、国で生活しているのです。こんなにも恵まれたことがあるでしょうか。

私はリーマンショックという大きな金融危機に巻き込まれて、就職活動に失敗しました。ようやく決まった就職先は概ね希望どおりのものでしたが、収入においては満足できるものではありませんでした。

だから、私は懸命に学びました。

お金で苦労しないためにはどうすればよいか。一方では、欲しいもの・したいことを我慢するという倹約を続けながらも、そうやって捻出した資金をすべて運用しました。良い時もありました。悪い時もありました。たった7年の投資歴とはいえ、常に右肩上がりだったわけではありません。結果的に右肩上がりだったというだけです。

ですから、私が1億円という資産を保有するに至る過程が「楽勝だった」などとは思いません。決して思えません。けれど、達成することができたという事実は本当にあったことなのです。

簡単なことではありません。「誰でもできる」なんて言葉を使うことで、資産運用のハードルを下げる演出をしているものもありますが、1億円という資産はそう簡単に築けるものではありません。勤勉に働き、倹約に努めた両親もついぞ1億円には届きませんでした。それだけではダメなのです。

でも私はこう宣言します。

あなたにはそれができる可能性がある。本当です。

400万円未満という年収で、実家が裕福ではなかった私が達成できました。私は相対的に恵まれているかもしれませんが、スタートラインが人よりも何倍も前だったわけではありません。つまり、私が達成できたことは、あなたにも達成できます。

繰り返しになりますが、インターネットを使ってクリック一つで世界中に気軽に投資ができるようになった、とても恵まれた時代です。本当にすごく恵まれています。

この時代に生まれながら、経済的不自由を嘆くだけなのはもったいないです。なぜなら私たちの前に格差はかつてほど存在せず、また戦うために米国株式投資などの武器も存在します。そう！　あなたには、1億円を手にする資質がすでにあるのです！　不平等なこの世を嘆くだけでなく、行動しようと、変わろうとしたからここまで読み進めてくださったはずです。

諦めないでください！

経済的自由は誰の手にも摑めるのです！

まーしー

米国株投資家
1988年生まれ。地方在住。投資歴7年。某団体職員。

2019年から「年収400万円未満の平凡サラリーマンが米国急成長株集中投資で経済的自由を掴むまでの軌跡を綴る」Twitter（@maasi_kabuo）を開始。目標とする「億り人」を達成するまでの投資術、投資成績を日々公開する。フォロワー数は現在4万人超。本書が初の著書。

27歳（2015年4月）の時、倹約などで貯めた総金融資産のうち300万円を元手に複数のインデックスを運用し全世界分散投資を開始。2015年末に金融資産1000万円に到達。

米国株式市場の強さに魅了され、2017年から投資信託の一部を売却し、米国の個別株投資へ移行する。約1000万円の資産を数種類の米国高配当個別株（バリュー株銘柄）に分散投資。

倹約の甲斐もあり2018年7月に30歳で金融資産2000万円を超えるが、思うようにキャピタルゲイン（値上がり益）で利益が出ない状況を打破すべく、保有株を売却し米国のグロース（成長）株銘柄を新たに買い付ける。

2020年1月には金融資産3000万円を達成。2020年2～3月にはコロナショックで、一時、資産は50%を超えて急落するが弱気相場を脱出後、同年5月には4000万円を突破する。

以降は、2020年7月に金融資産5000万円を超え、さらに同年8月に6000万円超、9月に7000万円超、10月に8000万円超と、3ヶ月連続で1000万円超の資産増となる。

2021年2月、33歳で金融資産1億円に到達。トータルリターンは約400%を達成。「元本を除いた投資の利益」は約7000万円。

33歳で年収300万円台でも
米国株投資で爆速1億円

2021年12月6日　第1刷発行
2022年 1 月8日　第2刷

著者　まーしー

発行者　千葉 均
編集　村上峻亮
発行所　株式会社ポプラ社
〒102-8519　東京都千代田区麹町4-2-6
一般書ホームページ　www.webasta.jp

印刷・製本　中央精版印刷株式会社

N.D.C. 330/255P/19cm　ISBN978-4-591-17200-1

P8008366